BIBLIOTHÈQUE SPÉCIALE DE LA JEUNESSE

APPROUVÉE

Par S. A. Em. Monseigneur le Cardinal

PRINCE DE CROY,

ARCHEVÊQUE DE ROUEN, PRIMAT DE NORMANDIE, ETC.

J'ai lu, par ordre de S. A. E. Mgr le Cardinal PRINCE DE CROY, Archevêque de Rouen, Primat de Normandie, l'ouvrage intitulé : *Le Robinson de douze ans*, par madame Mallès de Beaulieu. Ce livre, en tout conforme à la foi et à la morale catholique, se recommande par beaucoup d'intérêt, et rend un juste hommage aux paternelles bontés de la divine Providence.

Rouen, le 12 avril.

Lesueur

Chanoine, Professeur à la Faculté de théologie.

Paris. — Imprimerie de P.-A. BOURDIER et Cie, 30, rue Mazarine.

LE ROBINSON DE DOUZE ANS

HISTOIRE INTÉRESSANTE

D'UN JEUNE MOUSSE FRANÇAIS ABANDONNÉ DANS UNE ILE DÉSERTE

PAR

Mme MALLÈS DE BEAULIEU

AUTEUR DES CONTES D'UNE MÈRE A SA FILLE

Illustrée de gravures imprimées en deux couleurs

VINGT-DEUXIÈME ÉDITION

REVUE ET CORRIGÉE

PARIS

LIBRAIRIE DE L'ENFANCE ET DE LA JEUNESSE

P.-C. LEHUBY

Rue de Seine, 53, faubourg Saint-Germain.

A MA JEUNE FAMILLE.

Les contes que je vous ai faits jusqu'à ce moment, mes enfants bien-aimés, ont eu le double avantage de vous amuser et de corriger en vous plusieurs défauts dont vous avez reconnu les inconvénients par les exemples que je vous ai donnés. Je me suis même aperçue que vous cherchiez à acquérir les qualités qui rendent un enfant aimable, et qui préparent le bonheur de toute sa vie. J'ai vu que ma Delphine ambitionnait le rôle intéressant de LA PETITE CONCILIATRICE, et que, dans la société de ses compagnes, elle prévenait adroitement les disputes, et donnait l'exemple de la complaisance et de la douceur.

Mon cher Charles a été frappé du conte intitulé : *Respect à la vieillesse*. J'ai remarqué avec plaisir ses soins empressés pour les personnes âgées, son attention à les écouter et à profiter de leurs lumières. Il n'y a pas jusqu'à mon petit Émile qui n'ait puisé dans un de mes contes une si grande horreur du mensonge qu'il avoue de lui-même ses fautes avec une aimable candeur, et qu'il a tellement mérité la confiance qu'on ne doute jamais de ce qu'il assure.

Rien de plus encourageant pour moi, mes petits amis, que cet heureux succès de mes soins. Je continuerai donc des récits qui vous sont aussi utiles qu'agréables. Vous grandissez; votre esprit acquiert chaque jour quelque connaissance nouvelle, et je vous crois capables de comprendre et de goûter l'histoire longue et suivie que je veux vous raconter. C'est celle d'un jeune garçon de douze ans, qui n'avait aucune des qualités nécessaires pour vivre avec les hommes, ses frères, mais tous les défauts qui rendent insupportable dans la société. Vous le verrez corrigé par le malheur et par sa propre expérience. Privé pendant six ans de la compagnie de ses semblables, réduit à ses seules forces, à sa seule intelligence pour se procurer les besoins de la vie et se garantir des dangers qui le menaçaient, Félix sent à chaque instant les torts de sa conduite passée. Il n'a besoin ni de reproches, ni de remontrances pour les reconnaître et s'en repentir. Heureux d'avoir reçu, dès ses premières années, les principes d'une religion qui console et qui fortifie, il s'en rappelle les touchantes vérités; elles font succéder l'espérance au découragement et la résignation au murmure. Il se soumet au châtiment qu'il savait avoir mérité, et invoque le Dieu de qui seul il peut attendre du secours. Animé d'une juste confiance en lui, il emploie toutes ses forces, son intelligence et son courage à rendre sa situation supportable, et parvient à se procurer, non-seulement le nécessaire, mais quelques-uns des agréments de la vie.

LE ROBINSON

DE DOUZE ANS

CHAPITRE PREMIER.

Retour d'un militaire. Mariage. Naissance de notre héros. Son éducation. Il perd son père. Indocilité et mauvais caractère de Félix. Il veut s'embarquer. Sa mère est forcée d'y consentir. Voyage en diligence. Réception. Embarquement. Conduite de Félix à bord. Il prend soin de Castor. Tempête. Naufrage. Le chien reconnaissant.

Louis Francœur avait servi trente ans son pays avec honneur ; sa bravoure et sa bonne conduite lui avaient acquis l'estime de ses chefs ; sa franchise et sa gaieté l'avaient fait chérir de tous ses camarades. Couvert de blessures et âgé de quarante-six ans, il sentait le besoin de se reposer, et son cœur sensible réclamait ces liens précieux qui, en honorant l'homme du titre d'époux et de père, lui font goûter, au sein d'une famille chérie, tout le bonheur qu'il peut se promettre en ce monde.

Louis revint au lieu de sa naissance avec le grade de sergent. Il jouissait d'une pension de quatre cents francs, dont le roi avait récompensé ses services, et d'un revenu de huit cents, que lui avaient laissé ses parents. Il fut reçu dans son village, situé à une lieue de Brest, avec joie et affection. Une jeune et jolie paysanne ne dédaigna point l'offre de sa main, et les lauriers qui couvraient le front du soldat effacèrent à ses yeux la différence des années. Cette union fut heureuse ; Francœur, toujours satisfait et joyeux, parce que sa conscience était pure, voulait que tout fût content autour de lui ; le bonheur de sa femme était une partie essentielle du sien. Suzanne, excellente ménagère, entretenait l'ordre et la propreté dans la maison, pourvoyait à tous les besoins de son mari avec une tendre sollicitude, écoutait avec intérêt le récit des batailles où il s'était trouvé ; et lorsque le guerrier peignait avec force les dangers auxquels il avait été exposé, Suzanne le serrait dans ses bras, comme pour s'assurer qu'il y avait échappé.

Bientôt un nouveau lien vint resserrer cette douce union. La naissance d'un fils combla les vœux des deux époux. « Je veux, avait dit Francœur, qu'il

P. 10.

Que de projets formait l'heureux couple pour l'éducation de son cher Félix

soit nommé Félix; car j'espère bien qu'il sera aussi heureux que son père, qui ne changerait pas son sort pour celui d'un roi. » Félix ne quittait le sein de sa mère que pour passer dans les bras de Francœur, et s'endormait au bruit d'une chanson guerrière que celui-ci fredonnait, tandis que Suzanne berçait mollement cet enfant chéri.

Que de projets formait l'heureux couple pour l'éducation de son cher Félix! « J'en ferai un honnête homme, disait Francœur, un bon citoyen et un brave défenseur de la patrie; » et à ces mots un rayon d'orgueil brillait dans les yeux du soldat. « Moi, répondait Suzanne, je désire surtout qu'il soit un bon chrétien. Est-ce que cela ne peut pas s'accorder avec ta volonté? — Parfaitement bien, ma chère femme. Je te conterai quelque jour l'histoire du vaillant Bayard, qui fut surnommé le « chevalier sans peur et sans reproche. » Tu verras s'il avait de la religion; je pense que tu seras contente de sa mort, qui fut celle d'un vrai chrétien. Bien d'autres de nos héros nous ont donné le même exemple. Inspire donc à notre fils ces sentiments de piété qui te rendent si bonne et te font trouver du plaisir à remplir tes devoirs. »

A cinq ans Félix fut envoyé à l'école. Son père surveillait ses études, lui faisait chaque jour répéter ses leçons, et faire, sous ses yeux, une page d'écriture; sa mère lui apprenait des évangiles et lui enseignait à prier Dieu. Sa mémoire et son intelligence comblaient de joie ses bons parents. Cependant une extrême pétulance, une grande dissipation n'étaient pas les seuls défauts de l'enfant : il montrait avec ses camarades une humeur querelleuse qui lui attirait souvent des horions; et, à huit ans, il ne rentrait presque jamais qu'avec un œil poché ou une oreille déchirée. Cependant il ne se plaignait de personne ; il avait bien pris sa revanche, et cela le satisfaisait. Félix eût donc été un assez mauvais sujet si la crainte de son père ne l'eût retenu ; mais le sergent l'élevait avec une sage sévérité, qui n'était que trop tempérée par la tendresse souvent excessive de la mère. Ce fut à cette époque qu'une fièvre épidémique enleva l'honnête Francœur à son épouse désolée, et délivra leur fils de cette crainte salutaire, si nécessaire à un caractère tel que le sien. Dès lors il se livra entièrement à son goût pour le jeu, négligea ses études, et ne tint aucun compte des douces réprimandes de Suzanne.

Le voisinage d'un port de mer avait inspiré à Félix une forte inclination pour l'état de marin. Souvent il s'échappait du logis, à l'insu de sa mère, pour courir à Brest; il parcourait le port, montait dans les vaisseaux et s'exerçait à grimper le long des cordages. Sa hardiesse et son agilité le firent remarquer des officiers, qui l'encourageaient par leurs applaudissements.

Quelquefois la journée entière s'écoule dans cet exercice fort de son goût; il ne rentre chez sa mère que le soir, haletant, trempé de sueur, et n'ayant rien mangé depuis le matin. La pauvre Suzanne pleure et se désole ; elle dit à son fils qu'il la fera mourir de chagrin; mais il lui répond qu'il faut bien qu'elle s'accoutume à cela, parce que, dès qu'il sera assez fort, il est résolu de s'embarquer sur le premier navire où on voudra le recevoir.

Environ quatre ans se passèrent de cette manière ; la veuve de Francœur, craignant que son fils, déjà fort et grand, ne lui échappe au premier moment, écrit au capitaine Sinval, parrain de cet enfant, pour le prier de l'embarquer avec lui et d'être son protecteur et son guide, puisqu'il n'y a pas moyen de s'opposer à son inclination. Elle en reçoit une réponse favorable; il lui envoie de l'argent pour payer le voyage de Félix, qui doit l'aller rejoindre à Lorient, où il commande un vaisseau qui doit sous peu mettre à la voile.

Suzanne, en instruisant Félix de la démarche qu'elle avait faite et de son heureux succès, mêla de tendres reproches aux conseils qu'elle voulait lui donner. « Mon fils, lui dit-elle, vous avez ajouté par votre conduite mille chagrins cuisants à la perte que j'ai faite de votre père. L'esprit d'indépendance s'est emparé de vous; vous avez bravé l'autorité de votre mère et formé le projet de l'abandonner; mais que fussiez-vous devenu si je n'avais songé à vous ménager un appui? M. Sinval va remplacer votre père; il veillera sur vous et vous accoutumera à cette subordination si nécessaire dans tous les états. Votre application à vos devoirs et votre docilité pour vos chefs peuvent vous faire parvenir dans celui que vous avez choisi. Vous y courrez bien des dangers, et mon cœur en frémit. Je prie le ciel de vous protéger et de détourner de vous la punition qui menace les enfants rebelles. Que Dieu vous pardonne comme je le fais, et qu'il vous bénisse comme je vous bénis! »

Félix avait le cœur bon; le discours de sa mère, accompagné de larmes et de sanglots, le toucha vivement : il se jeta à ses genoux, et, lui baisant tendrement les mains, il lui témoigna le plus vif repentir de sa conduite passée. La bonne mère le serra sur son sein, lui rappela d'une manière simple et touchante les principes de religion qu'elle lui avait donnés dès sa plus tendre enfance, et lui recommanda surtout, dans quelque situation qu'il pût se trouver, de se confier aux soins de la Providence et de ne jamais désespérer de son secours.

Les jours qui suivirent cet entretien furent employés à mettre en ordre les vêtements de Félix et à y ajouter ceux qui lui étaient nécessaires. Félix, sur le point de se séparer de sa mère, ne la quittait pas un instant, et semblait vouloir la dédommager des peines qu'il lui avait causées. Suzanne aurait pu concevoir l'espérance de le garder près d'elle, si l'enfant, tout en la caressant, ne l'avait souvent remerciée de sa condescendance et de la permission qu'elle lui donnait de s'embarquer, en l'assurant qu'elle faisait son bonheur. « Quel plaisir, chère maman, lui disait-il, quand je reviendrai près de vous ! Je serai plus grand et fort à proportion ; vous aurez de la peine à me reconnaître. Je vous raconterai mes voyages, et je vous apporterai des raretés de tous les pays que j'aurai parcourus. » Suzanne soupirait amèrement. « Dieu seul, disait-elle, sait si je te reverrai ! mais la vie n'aura plus de charmes pour moi, privée de mon unique enfant. »

Enfin le jour du départ arriva. Suzanne conduisit son fils à Brest, paya sa place à la diligence de Lorient, et le recommanda aux soins du conducteur, qu'elle intéressa par une honnête gratification. Il fallut arracher Félix des bras de sa mère. Elle suivit des yeux la voiture tant qu'elle put l'apercevoir, puis elle reprit tristement le chemin de son village. Félix, baigné de larmes, partageait la douleur de sa mère; mais il en fut bientôt distrait par le mouvement et par la nouveauté des objets qui s'offraient à ses regards. Quelque amusant que dût lui paraître le premier voyage qu'il eût jamais fait, la pétulance de son caractère le lui fit trouver long; il aurait voulu être aussitôt arrivé que parti. Quand la diligence s'arrêtait pour le repas, il mangeait à table d'hôte, avalait les morceaux en toute hâte pour être plus tôt prêt à remonter dans la voiture, et s'impatientait contre les voyageurs qu'il accusait de retarder le départ. Enfin on aperçut la tour de Lorient. Félix frappa dans ses mains, poussa des cris de joie; et quand la diligence s'arrêta, il se précipita à la portière en heurtant ses compagnons de voyage, et ne fit qu'un saut dans la rue. Une dame s'écria : « Voilà un petit garçon bien mal élevé ! — Ma foi, madame, répondit l'enfant, tant pis si cela vous fâche; je suis marin, je vais rejoindre mon bâtiment, et je ne veux pas qu'il mette à la voile sans moi. » Il fallut pourtant qu'il prît patience et qu'il attendît que le conducteur eût descendu de sa voiture tous les effets des voyageurs. Cet homme s'était chargé de conduire lui-même Félix chez M. Sinval, à qui il devait remettre une lettre de Suzanne.

Le capitaine reçut très-bien son filleul, qu'il n'avait pas vu depuis son baptême. La physionomie heureuse de l'enfant, son air libre et dégagé, le prévinrent favorablement. « Mon ami, lui dit-il, pour ton premier voyage je ne puis t'embarquer qu'en qualité de mousse; mais si tu fais bien ton devoir, si tu t'appliques à la marine, je te promets un avancement prompt. Dans deux jours nous allons en rade de Port-Louis, et nous partirons au premier bon vent. Profite de ce peu de temps pour voir la ville et le port, et n'oublie pas d'écrire à ta bonne mère, dont la tendresse mérite toute ta reconnaissance. » Félix baisa la main de son parrain et se retira dans le petit cabinet où il devait coucher. Il mourait d'envie de sortir pour examiner le port de Lorient, et voir deux beaux vaisseaux de 80 canons qui étaient sur les chantiers, et dont l'un devait être lancé dans peu de jours. Mais son cœur lui suggéra une pensée à laquelle tout le reste céda. « Je me connais, se disait-il à lui-même; si une fois je sors, tant de choses exciteront ma curiosité que je ne penserai peut-être plus que je dois écrire à ma mère; si elle ne reçoit point de lettres de moi, elle croira que je suis un enfant ingrat; je ne l'ai que trop affligée jusqu'à présent, je

2

ne veux pas lui causer ce nouveau chagrin. » Alors Félix s'assit devant une petite table, et commença une lettre bien tendre. A mesure qu'il écrivait, les idées s'offraient en foule à son esprit, et, sans s'en apercevoir, il remplit trois grandes pages des expressions de son respect et de son attachement. Alors, satisfait de lui-même, il cacheta sa lettre, et pria Lapierre, domestique de M. Sinval, de lui enseigner où était la poste. Ce garçon s'offrit de l'y conduire et de l'accompagner dans tous les endroits qu'il désirerait visiter, ce que Félix accepta avec grand plaisir.

Je vois, mes bons amis, que vous êtes contents de mon héros, et que le sacrifice qu'il fit à la tendresse filiale obtient votre approbation. C'est l'effet que produisent toujours les bonnes actions; elles font naître le désir de les imiter; j'espère donc que vous n'oublierez pas que le devoir doit toujours marcher avant le plaisir, et que c'est le moyen de goûter celui-ci sans trouble et sans regret.

Nous n'accompagnerons pas Félix dans toutes ses promenades; il vit des choses curieuses et dont il aurait pu tirer beaucoup d'instruction; mais il vit en enfant, et vous remarquerez combien il eut lieu de regretter par la suite d'y avoir fait si peu attention. Enfin il est à bord d'un vaisseau destiné pour les Indes occidentales; les ancres sont levées, un vent favorable enfle les voiles, et les côtes de la France disparaissent aux yeux étonnés de Félix. Je voudrais pouvoir vous tracer la route que fit le navire ; mais notre apprenti marin était si étourdi que, lorsqu'il a raconté ses aventures, il n'a jamais pu en rendre compte. Il a dit seulement que, pendant deux mois, la traversée fut fort heureuse, et n'a pu parler ensuite de ce qui le regardait personnellement. Il était extrêmement chéri de son parrain, dont il avait gagné le cœur par ses attentions et ses manières caressantes ; ses espiègleries amusaient M. Sinval. Lorsqu'il avait mérité d'être puni, il s'en tirait par quelque heureuse saillie, et quand on avait ri, on était désarmé. Le titre de mousse du capitaine lui donnait une grande prépondérance parmi ses camarades ; il en abusait au point de les tyranniser. Ils lui faisaient une espèce de cour ; il avait ses favoris, à qui il permettait tout ; mais ceux qui lui déplaisaient, ou qui résistaient à ses volontés, étaient souvent maltraités, et ne pouvaient obtenir justice du capitaine, trop prévenu en faveur de son protégé.

Une seule fois il fit un bon usage de son pouvoir : un passager venait de mourir ; il laissait un chien dont personne ne s'occupait, si ce n'est les petits mousses qui se divertissaient à le tourmenter. Tantôt ils lui attachaient à la queue un papier ou tout autre objet bruyant ; le pauvre Castor, effrayé, courait de tous côtés en poussant des hurlements, et recevait encore des coups de pied des matelots impatientés de ses cris. Une autre fois, ces méchants enfants lui mettaient des pétards dans les oreilles et lui faisaient une peur affreuse. Félix se déclara le protecteur du pauvre animal, et jura, en enfonçant son chapeau, que le premier qui ferait du mal à Castor aurait affaire à lui ; cette menace suffit pour contenir ses persécuteurs. Félix, non content de l'avoir garanti de leur malice, se chargea de sa subsistance ; il partageait sa portion avec lui, et, par mille petites gentillesses, il obtenait du cuisinier quelque chose de plus pour son chien. Celui-ci, reconnaissant de tant de soin, s'attacha à son bienfaiteur ; il le suivait partout, couchait sous son hamac, et montrait les dents à ceux qui faisaient mine d'attaquer son jeune maître. Félix se félicitait d'avoir un ami tel qu'il le lui fallait, c'est-à-dire docile à toutes ses volontés, soumis à tous ses caprices, et le préférait à ses camarades, qui prenaient encore quelquefois la liberté de le contrarier.

Cependant le temps changea tout à coup ; il s'éleva un épais brouillard qui dura plusieurs jours. Le vaisseau s'écarta de sa route, et fut tellement entraîné vers le sud-est que l'on ne savait où l'on était.

Une tempête affreuse succéda, et mit le navire dans le plus grand péril ; les mâts furent fracassés et jetés à la mer. Trois jours et trois nuits s'écoulèrent dans cette terrible situation ; le vaisseau, ouvert en plusieurs endroits, laissait pénétrer une telle quantité d'eau que les pompes n'y pouvaient plus suffire. L'équipage était épuisé de fatigue et entièrement découragé. Pour comble de malheur, le capitaine, qui était sur le pont pour donner ses ordres et animer les matelots, fut enlevé par une lame ; le second, qui prit le commandement, n'avait ni son sang-froid ni son autorité. On découvrit, au point du jour, une côte éloignée d'environ une lieue ; l'équipage demanda à se jeter dans les chaloupes pour tâcher d'y aborder, et, malgré le refus du commandant, les matelots les lancèrent à la mer, et il se trouva heureux qu'ils voulussent bien l'y recevoir. Les hommes y descendirent tous, les mousses s'y jetèrent aussi ; Félix voulut en faire autant, mais il n'y avait plus de place, et elles paraissaient surchargées. Il n'avait plus son protecteur ; il ne s'était point fait aimer ; il fut repoussé, renversé sur le pont presque sans connaissance ; et, quand il revint à lui, il se trouva seul avec son chien, et il vit les chaloupes à une grande distance, luttant contre les flots irrités.

Je ne puis vous exprimer, mes petits amis, le désespoir de ce pauvre enfant, qui n'avait devant les yeux qu'une mort certaine. Il s'arrachait les cheveux, remplissait l'air de cris, et osait reprocher à Dieu de l'avoir abandonné, tandis qu'il sauvait tous les autres. Au milieu de ses plaintes, il vit les chaloupes renversées l'une après l'autre, et englouties au fond de la mer. Cet affreux spectacle acheva de l'accabler; il tomba la face contre terre, dans une angoisse mortelle. S'attendant à chaque instant que le vaisseau allait s'ouvrir, et qu'il aurait le même sort que ses malheureux compagnons, il lui vint heureusement à l'idée qu'il ne périrait pas tout entier, puisqu'il avait une âme immortelle que Dieu avait créée pour la réunir un jour à lui; cette pensée consolante le ranima un peu. « Mon Dieu, s'écria-t-il, prends pitié de ton pauvre enfant! Je me soumets à ta volonté; pardonne-moi mes murmures. Je sais bien que je devais mourir un jour; tu veux que ce soit à présent, je dois le vouloir aussi; mais quand mon corps sera au fond de la mer, retire mon âme près de toi; console aussi ma pauvre mère, qui pleurera la mort de son unique enfant, et réunis-nous dans ton paradis. » Après cette fervente prière, Félix se leva plus calme; mais la vue des vagues écumantes qui battaient les flancs du vaisseau, le bruit affreux des vents et les éclats du tonnerre renouvelèrent toutes ses frayeurs. Cet état se prolongea deux mortelles heures, le vaisseau étant toujours poussé par le vent et par la marée du côté de la terre ; enfin il donna sur un écueil, et un craquement épouvantable annonça son entière dissolution. Il s'ouvrit de toutes parts, et Félix, précipité dans les ondes, alla d'abord au fond, puis il remonta sur l'eau ; mais comme il était bon nageur, il employa toutes ses forces pour s'y soutenir, et il se dirigea du côté de la terre. Tantôt les vagues l'y portaient ; mais d'autres, avançant dans un sens contraire, le repoussaient loin du rivage et le couvraient d'une montagne d'eau. Bientôt épuisé par ses inutiles efforts, ses forces l'abandonnèrent, ses bras et ses jambes cessèrent de se mouvoir, et il allait être englouti, si le fidèle Castor, qui nageait près de lui, n'eût saisi son vêtement dans sa gueule, et ne l'eût soutenu avec une vigueur extraordinaire. Il fendait les flots avec son fardeau, et, avec autant de force que d'adresse, il parvint jusqu'au rivage, dont l'abord était facile ; il y déposa son cher maître, et, le voyant incapable de s'aider, il le traîna sur le sable à une certaine distance de l'eau.

CHAPITRE II.

Sentiments de reconnaissance de Félix. Sa douleur. Ses craintes. Il souffre de la faim et de la soif. Murmures. Secours inattendu. La route souterraine. La plaine et le ruisseau. Les œufs d'oiseaux. Félix allume du feu. Le calebassier. L'agouti. Félix dort sur un arbre. La montagne. Espérances détruites. Choix d'un lieu pour s'établir.

Vous voilà, je pense, mes enfants, bien satisfaits de voir votre ami Félix en sûreté sur le rivage. Je vais le laisser parler lui-même et vous rendre compte de ce qu'il pensa et de ce qu'il fit quand il eut recouvré l'usage de ses sens. Il a écrit lui-même la relation de ce qui lui est arrivé depuis l'instant de son naufrage jusqu'à celui où il fut rendu à la société ; j'ai eu cette relation entre les mains, et j'en ai fait un extrait pour votre usage.

J'étais, dit-il, étendu sur le sable, sans mouvement et sans connaissance. Les caresses de mon fidèle Castor me rappelèrent à la vie ; ce bon animal, épuisé des efforts qu'il avait faits pour me sauver, léchait mes mains et mon visage, et ne parut content que lorsqu'il me vit ouvrir les yeux. Les premiers mouvements de mon cœur furent pour le Dieu de bonté qui venait de me délivrer d'une mort presque certaine ; je me jetai à genoux pour le remercier d'une si grande grâce. Dans ces premiers instants, je ne sentais que la joie d'exister encore ; j'embrassais en pleurant le bon animal à qui je devais la vie.

Les vents étaient calmés, les flots commençaient à s'apaiser, le tonnerre ne se faisait plus entendre qu'au loin et à de longs intervalles. Bientôt le soleil acheva de dissiper les nuages, et se montra dans tout son éclat ; sa chaleur acheva de me ranimer et sécha mes vêtements ; mais j'étais consumé d'une soif ardente. Castor, qui éprouvait le même tourment, haletait près de moi, et sa langue desséchée sortait de sa gueule ouverte. Je jetais de tous côtés de tristes regards, et je ne voyais autour de la plage sablonneuse où j'avais abordé que des rochers escarpés qu'il me paraissait impossible de franchir. Tout à coup Castor prend sa course et s'éloigne rapidement ; en vain je l'appelle de toutes mes forces, il ne paraît plus entendre ma voix et disparaît entièrement. Je me crois abandonné de mon compagnon, et mes larmes coulent en abondance. La faim et la soif me tourmentent, et je ne voyais aucun moyen de les satisfaire. Je cesse de regarder la vie comme un bienfait du ciel ; il m'échappe des murmures contre le

Dieu qui ne m'a sauvé de la fureur des flots que pour me laisser mourir de besoin sur cette côte stérile.

Une heure se passa dans cette pénible situation ; j'en fus enfin tiré par le retour de Castor, qui accourait frais et dispos. En sautant sur moi pour me caresser, il secoua ses longues oreilles, et mes mains furent couvertes d'eau ; je devinai facilement que cet animal, guidé par son instinct, avait découvert une source derrière les rochers. La soif était alors le plus pressant de mes besoins ; je me levai avec vivacité, et en flattant mon camarade, je marchai du côté où je l'avais vu s'enfoncer. Il en parut tout réjoui ; il courait en avant, puis il revenait vers moi, et semblait m'inviter à le suivre. Enfin il me découvrit l'entrée d'une espèce de caverne ; l'ouverture en paraissait trop étroite pour nous donner passage. Castor s'y glissa le premier avec beaucoup de peine ; j'y entrai après lui en me traînant sur les mains et les pieds. J'étais pénétré de frayeur. Le silence et l'obscurité de cette route souterraine auraient suffi pour épouvanter un enfant ; je croyais y rencontrer des serpents et d'autres animaux venimeux, et la crainte d'en être dévoré me faisait trembler de tout mon corps. Sans la soif qui me brûlait, je serais retourné sur mes pas. Enfin j'aperçus une faible lumière qui pénétrait à travers les fentes du rocher ; elle me découvrit un long passage sous terre ; il s'élargissait insensiblement. Plus j'avançais, plus la voûte avait de hauteur ; je pus enfin me lever et marcher sur les pas de Castor qui me servait de guide. Après environ un quart d'heure, j'aperçus une large ouverture ; je m'y précipitai, bien empressé de sortir d'un si triste lieu. Je ne puis exprimer quelles furent ma surprise et ma joie en me voyant dans une belle plaine couverte d'herbes et de plantes qui m'étaient inconnues, et bordée d'arbres d'une hauteur prodigieuse. Un ruisseau serpentait au milieu d'un gazon couvert de fleurs. J'y courus, et, puisant de l'eau avec mes mains, je me désaltérai tout à mon aise ; je me rafraîchis aussi le visage, et ce soulagement, en diminuant mes souffrances, me rendit capable de réfléchir sur ma situation. Elle était déjà moins pénible ; cet endroit charmant me promettait des ressources pour ma subsistance, que je ne pouvais espérer sur la côte aride où j'avais été jeté. En admirant les soins de la Providence, je me reprochais vivement mes murmures. J'en demandai pardon à Dieu ; je le suppliai de me protéger, puisque j'étais un pauvre enfant abandonné, qui n'avait d'espoir qu'en lui.

La soirée était avancée ; je mourais de faim et ne

voyais rien de bon à manger. J'arrachai quelques herbes, mais elles étaient dures et amères; il me fut impossible de les avaler. Castor éprouvait le même besoin; tous deux, couchés sur l'herbe, nous étions exténués de faiblesse. Enfin le sommeil s'empara de nous, et, au défaut de nourriture, il répara nos forces épuisées; nous dormîmes toute la nuit. A notre réveil, la faim se fit sentir de nouveau; je m'approchai de quelques arbres, et l'heureuse habitude que j'avais acquise de grimper le long des mâts sans m'aider des cordages, pour montrer mon adresse et mon agilité, me fut bien utile dans cette occasion. J'embrassai de mes genoux le tronc d'un arbre dont le feuillage épais pouvait cacher quelques fruits, et, en m'aidant des pieds et des mains, je parvins jusqu'au sommet. Mais je ne fus pas dédommagé de ma peine; je ne trouvai aucun fruit, et, rebuté de ce mauvais succès, je descendis et me mis à pleurer. M'apercevant que mes larmes ne me servaient à rien, je repris courage et je visitai encore plusieurs arbres, toujours inutilement. Enfin je découvris sur le dernier un très-grand nid, artistement travaillé, dans lequel je trouvai sept œufs beaucoup plus gros que ceux de nos poules. J'en cassai un et l'avalai sur-le-champ; mais cet aliment me dégoûta; je le trouvai bien différent des bonnes omelettes que faisait ma mère, et des œufs durs qu'elle servait sur notre table avec une salade appétissante. « Eh ! qui m'empêche de les faire cuire ? me dis-je alors ; j'ai dans ma poche un briquet et de l'amadou, je puis ramasser du bois sec et faire du feu ; je mettrai mes œufs dans les cendres, ils seront bientôt durs. » Enchanté de cette idée, je les enveloppe dans mon mouchoir de peur de les casser, et, descendant avec précaution, j'arrive à terre sans accident avec ma petite provision. Je m'assieds sur l'herbe et visite mes poches, chose à laquelle je n'avais pas encore songé ; j'y trouvai mon briquet, de l'amadou qui, renfermé dans une boîte de fer-blanc, n'avait point été mouillé, un couteau assez fort, une grosse pelote de ficelle et une toupie. C'était mon jeu favori ; mais, dans ce moment, je ne daignai pas même la regarder ; j'avais bien autre chose à faire qu'à jouer. J'allai de tous côtés chercher des feuilles sèches et du bois mort ; je tirai du feu, le soufflai avec ma bouche ; une flamme petillante s'éleva ; il se forma aussitôt un monceau de cendres. J'y enterrai mes œufs et je tâchai de distraire mon impatience jusqu'à ce qu'ils fussent cuits. Alors seulement je m'aperçus de l'absence de Castor ; je pensai qu'il cherchait aussi sa nourriture, et je ne doutai pas qu'il ne vînt bientôt me rejoindre. En fort peu de temps les œufs furent durcis ; j'en dévorai quatre avec un appétit qui me les fit trouver excellents, quoique je n'eusse rien pour les assaisonner. J'allais manger les deux derniers ; mais je réfléchis que je ne serais peut-être pas assez heureux pour en trouver d'autres dans cette même journée, et qu'il était prudent de garder ceux-ci pour mon souper. Je les serrai soigneusement, et j'eus le courage de faire taire ma faim, qui n'était rien moins que satisfaite. Il s'était écoulé plusieurs heures dans ces occupations, et le soleil dardait ses rayons sur ma tête découverte. J'allai chercher de l'ombre sous de grands arbres qui bordaient la plaine, et je m'amusai à les examiner. J'en vis un dont le tronc était garni de gros fruits qui ressemblaient à des citrouilles, et j'en abattis un avec une grosse branche que j'avais trouvée à terre. L'écorce en était si dure que j'eus de la peine à en couper un morceau avec mon couteau ; la chair était molle et jaunâtre, et le goût si désagréable que je ne pus en manger. Je jetai de colère le fruit loin de moi et j'étais de fort mauvaise humeur quand j'aperçus Castor qui revenait de sa chasse. Sa gueule était ensanglantée ; il traînait le corps d'un animal qu'il avait étranglé, et dont il avait déjà dévoré une partie ; cette vue me causa une grande joie. Je caressai mon chien, et comme il était rassasié, je n'eus pas de peine à m'emparer de sa proie. J'écorchai de mon mieux cet animal, qui était de la grosseur d'un lièvre, mais dont la tête ressemblait à celle du cochon. Ce travail achevé, je courus à mon feu ; il brûlait encore sous la cendre ; je rassemblai les plus gros charbons, et je fis griller une cuisse de ma bête. Sa chair était blanche comme celle du lapin, mais fort sèche, et je lui trouvai un goût sauvage ; cela ne m'empêcha pas d'en manger d'un bon appétit. Je me désaltérais de temps en temps avec l'eau du ruisseau ; mais, ne pouvant la puiser qu'avec mes mains, il n'en arrivait que quelques gouttes à ma bouche. Il me vint alors une heureuse idée ; je courus ramasser la citrouille que j'avais jetée avec tant de dédain, j'élargis l'ouverture avec mon couteau, j'ôtai toute la chair, et je raclai l'écorce en dedans. J'eus alors un vase plus grand qu'une bouteille ; je courus le remplir au ruisseau, et j'étanchai ma soif tout à mon aise. Je fus d'autant plus content de mon invention, que je pensai que je pouvais me fabriquer avec ce fruit des ustensiles de différentes formes qui me seraient fort utiles.

La grande chaleur et le repas solide que je venais de faire provoquèrent le sommeil ; je m'étendis sous un arbre ; Castor se coucha à mes pieds ; je ne sais combien de temps je dormis, mais en m'éveillant je me trouvai entièrement délassé. Je me mis à songer à ce que je devais faire ; et voici ce que je me dis à moi-même : « Je suis tout seul dans un pays que je ne connais nullement, et je risque d'y mourir de faim. Du haut de ces arbres je vois une montagne bien haute ; si je pouvais grimper jusqu'au sommet, je découvrirais tout le pays ; je verrais des maisons et des hommes. Sans doute ils auraient pitié de moi et me donneraient du pain. Je m'offrirais pour les servir ; j'aimerais mieux travailler pour eux que d'être ainsi abandonné, puisque je n'ai ni l'âge ni la force de pourvoir à mes besoins. J'ai toujours désiré d'être mon maître et de n'obéir à personne. Combien j'étais insensé ! Maintenant je vais où je veux, je fais ce qu'il me plaît, et je n'ai jamais été si malheureux. O ma bonne mère ! si je pouvais retourner auprès de vous, avec quel plaisir je ferais tout ce que vous me commanderiez ! J'ai bien mérité mon sort par mon indocilité, et je reconnais que Dieu me punit justement. » Deux ruisseaux de larmes coulaient le long de mes joues à ces tristes réflexions. Je repris enfin un peu de courage, et je me décidai à partir le lendemain pour la montagne, et, si je découvrais quelque habitation, à m'y rendre le plus tôt possible. Je songeai à faire quelques provisions ; je suspendis le reste de ma viande grillée à une branche d'arbre, et j'abandonnai à mon chien celle qui n'était pas cuite. Je m'occupai ensuite à chercher des œufs ; j'en trouvai cinq dans un nid et quatre dans un autre. J'attisai de nouveau mon feu et les fis cuire pour le voyage du lendemain. Le soleil était couché quand j'eus achevé cet ouvrage. Je fis ma prière du soir, et je me disposais à m'étendre sur le gazon pour y dormir comme j'avais fait la veille, lorsqu'une idée terrible s'offrit à mon esprit et me remplit de frayeur. Je m'imaginai que quelque bête sauvage bien affamée se jetterait sur moi pendant mon sommeil, et me croquerait en deux coups de dent. En vain, disais-je, mon brave Castor voudra me défendre ; un ours, un lion sont bien plus forts que lui ; et nous serons tous deux la pâture de ces féroces animaux. Je ne vis d'autre moyen d'éviter un sort funeste que de grimper sur un des arbres les plus élevés ; je me cachai dans le plus épais du feuillage. J'étais assez solidement assis sur une forte branche, une autre me servait de dossier ; mes pieds étaient solidement appuyés ; mais tout cela ne me rassurait pas contre la crainte de tomber. Je détachai mes jarretières, je les nouai ensemble, et j'en formai une ceinture avec laquelle je me liai fortement au tronc de l'arbre. Malgré toutes ces précautions, la peur me tint longtemps éveillé ; j'étais d'ailleurs fort inquiet pour mon cher compagnon, que je n'avais aucun moyen de garantir du danger d'être dévoré. Enfin je m'endormis en soupirant après le bonheur de trouver des hommes pour me défendre et me nourrir, et une maison pour me servir d'abri.

Castor, qui ne partageait ni mes craintes ni mes inquiétudes, dormit fort tranquillement ; mais il fut le premier éveillé, et vint japper au pied de mon arbre comme pour m'avertir qu'il était temps de songer au départ. Le jour commençait seulement à poindre ; c'était le moment favorable pour se remettre en route. Mes apprêts furent bientôt faits. J'enveloppai proprement la viande qui me restait avec de grandes feuilles d'arbre et je la liai dans mon mouchoir ; je partageai mes œufs dans mes poches. Je remplis d'eau ma calebasse et l'attachai avec de la ficelle à une branche que je pris sur mon épaule, et je me mis en marche. Castor, qui avait amplement déjeuné du reste de sa chasse, me suivait gaiement avec mille sauts et mille gambades. Je n'oubliai pas d'élever mon cœur vers Dieu et de le prier de bénir mon voyage.

Après avoir traversé l'immense plaine où nous étions, et dépassé les arbres qui l'entouraient, nous trouvâmes un terrain qui descendait par une pente douce, de manière que je fis plus d'une lieue sans éprouver la moindre fatigue. A mesure que j'avançais, l'herbe devenait si haute qu'elle m'allait jusqu'aux épaules. De temps en temps il sortait, du milieu de ce gazon touffu, des couvées de petits oiseaux effrayés de notre approche, ce qui me fit penser que les mères déposaient leurs œufs dans cette fraîche verdure. J'aurais pu facilement prendre quelques-uns de ces oiseaux, que leurs ailes soutenaient à peine; mais je n'étais occupé que du désir et de l'espoir de rencontrer des hommes; la crainte de retarder ma marche ne me permettait pas de m'arrêter ni d'examiner ce qui m'entourait. Dans le fond de la vallée je trouvai un obstacle que j'aurais pu prévoir, si j'avais eu un peu plus d'expérience : c'était une belle et large rivière qu'il fallait nécessairement passer pour arriver au pied de la montagne. Castor se jeta à la nage et fut bientôt à l'autre bord; je ne balançai pas à le suivre, quoique le trajet fût un peu long pour mes forces; j'étais sûr que le vigoureux animal viendrait à mon secours si elles me manquaient. Je n'en eus pas besoin cette fois, et j'arrivai heureusement sur le rivage. Malgré mon peu d'attention, je m'aperçus que cette rivière était très-poissonneuse, et qu'avec le moindre filet on y pourrait faire une excellente pêche. Mais toutes ces choses me touchaient peu; j'étais loin de prévoir que je fusse destiné à me suffire, et je comptais toujours que d'autres travailleraient pour moi.

Quand nous eûmes atteint le bas de la montagne, le soleil était dans toute sa force, et nul arbre ne s'offrait pour nous mettre à l'abri. Je pris le parti de tourner alentour, et je découvris, avec grand plaisir, une cavité dans le roc, où nous pouvions nous retirer pendant la grande chaleur. J'y portai quelques grosses pierres dont je me fis un siége. Castor s'étendit à mes pieds. Le grand air et l'exercice m'avaient donné tant d'appétit que le morceau de viande qui me restait me parut bien petit, d'autant plus qu'il le fallait partager avec mon camarade; ce fut bien pis quand, en le développant, il exhala une si mauvaise odeur que le cœur m'en souleva. La grande chaleur l'avait absolument gâté; je fus obligé de l'abandonner à mon chien, qui n'en fit que deux bouchées, et de me contenter des œufs durs dont je m'étais précautionné. Après m'être reposé quelques heures, je commençai à gravir la montagne avec beaucoup de fatigues et de difficultés. Dans quelques endroits c'était une roche unie où mes pieds ne trouvaient aucune prise; je rampais alors en m'accrochant à quelques plantes qui sortaient des fentes du rocher. Plus loin, la terre était couverte de cailloux, et ailleurs le terrain était si glissant que j'étais sur le point de rouler jusqu'en bas. Je ne perdais pourtant pas courage, et la vue d'un bouquet de bois que j'apercevais à mi-côte me faisait redoubler d'efforts pour y arriver. Mon fidèle compagnon m'aidait de son mieux ; quand je me sentais glisser, je m'accrochais à sa crinière ; il s'y prêtait avec la plus grande complaisance, et avec son secours je gagnai enfin le bois, où je trouvai le dédommagement de toutes mes peines. De grands citronniers, chargés de fruits en pleine maturité, m'offrirent un soulagement dont j'avais le plus grand besoin. La terre était couverte de citrons ; j'en mangeai avec avidité ; rien ne m'a jamais tant fait de plaisir que ce jus rafraîchissant, dans un moment où je succombais à l'excès de la chaleur et de la fatigue. Après m'être bien reposé, je remplis mes poches de citrons, et je quittai cet endroit agréable pour grimper avec un nouveau courage et atteindre avant la nuit le sommet de la montagne. J'avais surmonté les plus grandes difficultés ; le chemin qui me restait à faire était uni et facile ; une espèce d'escalier formé par la nature me conduisit au terme de mes désirs ; mais, lorsque je l'eus atteint, le soleil était couché depuis longtemps, et l'obscurité m'empêchait de distinguer les objets éloignés et de satisfaire mon impatiente curiosité. Je songeai donc à m'arranger pour la nuit. Il n'y avait là aucun arbre où je pusse monter pour me mettre en sûreté contre les bêtes féroces. Ma peur se renouvela ; il s'y joignit bientôt un froid excessif ; j'ignorais encore que les lieux élevés sont toujours froids. Je me décidai à faire un grand feu et à me coucher auprès. Beaucoup de plantes sèches m'en donnèrent le moyen ; j'en rassemblai un grand tas que j'allumai facilement. Je fis ensuite ma prière, et, me confiant en la bonté de Dieu, je m'endormis malgré mes craintes. Je m'éveillai avec le jour, et mon premier soin fut de promener mes regards de tous côtés, pour découvrir quelque trace d'habitations, des maisons ou cabanes, des hommes ou des troupeaux. Quels furent mon effroi et ma douleur lorsque je vis que la terre où je me trouvais était entièrement environnée de la mer ; qu'enfin c'était une île, et que sans doute j'étais le seul être raisonnable qui l'habitât ! Je ne voyais nulle part de terre cultivée, pas une seule chaumière, pas un animal domestique. « Malheureux que je suis ! m'écriai-je en me laissant tomber sur la terre ; pauvre enfant abandonné ! tu vas mourir ici de misère et de besoin, puisque tu ne peux attendre de secours de personne. » Je fondais en larmes et j'étais livré au découragement ; les caresses de Castor me tirèrent de cet état. Il paraissait partager ma douleur ; il me léchait les mains et accompagnait mes sanglots de longs gémissements ; ses yeux se fixaient sur moi d'un air attendri ; tout en lui exprimait le plus vif intérêt. Je ne pus y être insensible. « Voilà donc, dis-je en soupirant, le seul ami qui me reste ; mais ai-je mérité d'en avoir ? Comment me suis-je comporté avec mes camarades ? Je voulais toujours les dominer ; je n'avais pour eux ni égards ni complaisance. Oh ! si j'en avais un seul pour compagnon de ma vie solitaire, combien je l'aimerais, combien je serais empressé de l'obliger ! » Cependant je rendais à mon bon Castor ses touchantes caresses, et je finis par me trouver heureux de l'avoir près de moi.

Il fallait songer à ma subsistance, puisque je ne pouvais plus compter que sur moi-même. La faim me pressait, et je n'avais que quelques citrons qui me rafraîchissaient, mais ne me nourrissaient pas. J'examinai avec plus de sang-froid, du haut de la montagne, tous les lieux environnants, pour arrêter celui où je ferais ma demeure. Je voulais me rapprocher du rivage de la mer, où j'espérais trouver des coquillages pour ma nourriture ; mais, du côté opposé à celui où j'avais abordé, je découvris une rive qui me parut fertile ; quelques grands arbres et une multitude d'arbrisseaux lui donnaient un aspect riant. Je remarquai bien de quel côté je devais descendre, et le chemin que je devais suivre ensuite pour m'y rendre. Alors, rassemblant toutes mes forces, et me soumettant à la nécessité, je pris la résolution de faire tous mes efforts pour soutenir ma vie, et de m'accoutumer au travail, qui pouvait seul me procurer tout ce qui m'était nécessaire.

P. 40

Je me décidai à faire un grand feu, je fis ensuite ma prière et me confiant en la bonté de Dieu

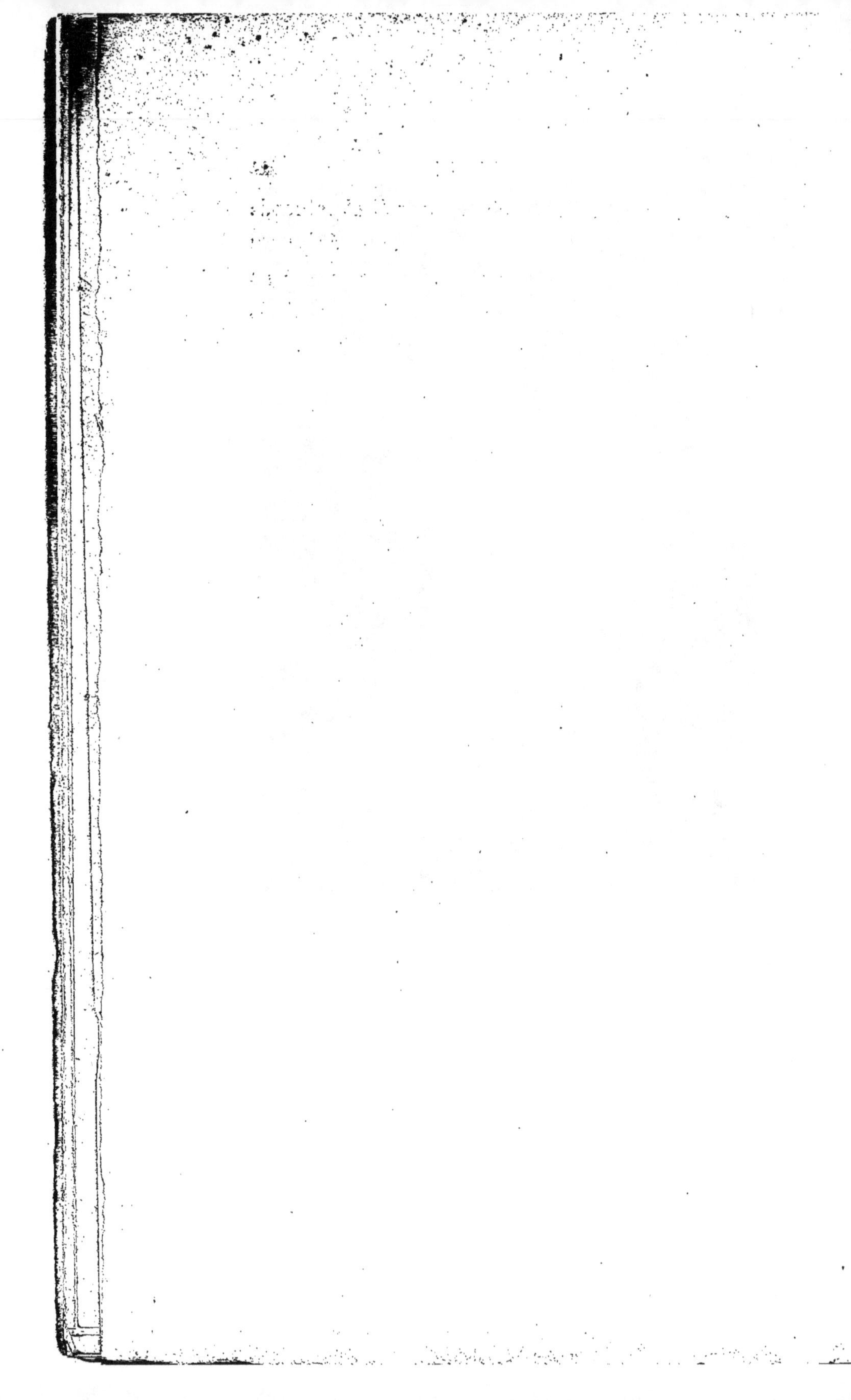

CHAPITRE III.

Les patates. Les glands doux. Le cocotier. Construction d'une cabane. Félix mange du rôti. La porte de la cabane. Le toit. Les œufs de tortue. Le sel. La bonne nuit. Sujet d'inquiétude. Recours à Dieu. Projet de voyage. Départ. Les noix de coco. Les chèvres. Félix en prend une. Il revient à sa demeure.

Ce fut un jeu pour moi de descendre la montagne; tantôt je m'asseyais et me glissais ainsi un long espace de chemin ; quand je trouvais un sol uni, je me roulais comme une boule, et ma course était encore plus rapide. Rendu au bas, je trouvai un beau champ couvert de fleurs blanches et lilas qui croissaient sur des tiges formant un joli bouquet. Je reconnus sans peine les patates ou pommes de terre. Ma mère en cultivait dans son jardin, et j'étais chargé du soin de les arroser ; mais comme j'étais alors un petit paresseux, je les laissais souvent manquer d'eau. Cette trouvaille devenait ici bien précieuse pour moi ; mes yeux se mouillèrent de larmes de joie et de reconnaissance; je pensai que Dieu, qui a soin de tous ses enfants, avait fait croître pour moi cette plante nourrissante. Je l'en remerciai de tout mon cœur, et je me mis à déterrer autant de patates que mes poches en purent contenir; j'en remplis aussi mon mouchoir, et je fus délivré de la crainte de mourir de faim. Je ne prévoyais pas qu'avant longtemps je ne pourrais faire aucun usage de cet aliment, puisque, mon amadou épuisé, je n'aurais plus la possibilité de faire du feu. Je n'étais pas accoutumé à réfléchir, et, comme les animaux, je jouissais du présent sans songer à l'avenir.

Je sortis du champ de pommes de terre et je côtoyai un ruisseau bordé de roseaux et de joncs; il me conduisit à un bois que j'eus beaucoup de peine à traverser, à cause des broussailles et des lianes entrelacées qui me barraient souvent le chemin; j'en coupai quelques-unes avec mon couteau; j'écartai les autres avec les mains, moyennant quelques égratignures; enfin, je parvins à une place où les arbres, moins serrés, laissaient un espace vide qui formait un joli salon de verdure. Ce lieu était charmant pour prendre le repos dont j'avais le plus grand besoin, et j'y arrivai au moment où la chaleur n'était plus supportable. Je jouissais avec délices de ce bienfaisant ombrage; mais la faim qui me tourmentait ne me permit pas de rester oisif. Après avoir couvert mes patates de terre, je fis du feu sur la place où je les avais mises. Castor, qui ne sentait rien qui fût propre à satisfaire son appétit, partit pour une de ses excursions. Pendant que mes pommes de terre cuisaient, j'examinai avec attention les arbres et les plantes qui m'environnaient ; je reconnus avec un extrême plaisir le chêne majestueux, si commun dans le lieu de ma naissance ; le feuillage était un peu différent de celui de l'Europe, mais les glands répandus sur la terre ne me laissèrent pas douter que ce ne fût la même espèce. Il me prit envie d'en goûter ; je les trouvai très-doux et très-agréables, et, pendant que mon repas se préparait, je m'en régalai, en me réjouissant d'avoir découvert cette nouvelle nourriture. Plus loin, je voyais des arbres d'une grande élévation ; ils n'avaient des feuilles qu'au haut de leur tronc, où je les voyais rassemblées comme une couronne ; au-dessous étaient des fruits aussi gros que ma tête, et formant des espèces de grappes. Un de ces fruits était tombé ; j'aurais bien voulu savoir ce qu'il contenait, mais la coque était si dure que mon couteau ne pouvait l'entamer ; j'essayai de la briser en la frappant avec un gros caillou, mais je fus forcé d'y renoncer. L'odeur des patates grillées m'invitait à dîner ; je m'assis sous un chêne, et je fis un excellent repas ; je m'avisai d'arroser mes pommes de terre avec du jus de citron, et je fus fort content de cet assaisonnement. Mon bon chien arriva dans ce moment, l'oreille basse et la mine affamée ; je vis bien que sa chasse n'avait pas été heureuse ; je lui présentai des patates, et, faute de mieux, il s'en accommoda ; il ne dédaigna pas même les glands, et en croqua jusqu'à ce qu'il fût rassasié.

La grande chaleur étant passée, je songeai à sortir du bois pour continuer ma route. Les arbres s'éclaircissaient peu à peu ; je jetai un cri de joie en apercevant la mer à une petite distance. Quelques rochers bordaient cette côte, mais ils étaient rares et peu élevés ; dans d'autres endroits la rive était plate et formait une belle grève. Je pressai ma marche pour arriver à cette place, et je l'atteignis avant le coucher du soleil ; je le vis se perdre à l'horizon dans les flots de lumière, et je ne pus détacher mes yeux de ce beau spectacle que lorsqu'il disparut entièrement à mes regards. Alors je m'occupai de choisir ma chambre à coucher et je la trouvai sur le haut d'un arbre planté sur un rocher. Ses racines avaient pénétré dans les fentes de la pierre, et lui donnaient assez de solidité pour braver les orages et la fureur des vents. Cependant cet asile n'était pas aussi commode que sûr. Je ne pouvais m'accoutumer à dormir perché comme un oiseau, et le matin je me sentais le corps brisé et des douleurs dans tous les membres ; je soupirais après le bonheur de dormir étendu sur quelque chose de moins dur que les branches d'un arbre ; mais, pour en jouir, il fallait construire une cabane qui me mît à l'abri des attaques ; j'y songeai presque toute la nuit, et je résolus de me mettre le lendemain même à l'ouvrage. Dès que le jour parut, je descendis sur le rivage ; les sommets des rochers étaient parés d'une riante verdure et d'une grande variété d'arbres. L'espace entre eux et la mer était couvert en partie de hautes herbes, en partie de petits bois qui s'étendaient d'un côté jusqu'aux rochers, et de l'autre jusqu'à la mer. J'aurais bien voulu bâtir une maisonnette avec des pierres bien maçonnées, mais je n'avais ni ciment, ni plâtre, ni chaux ; il eût fallu creuser des fondements : mes mains et mon couteau étaient mes seuls instruments. Je fus donc forcé de me contenter d'une hutte de branchages entrelacés, qui devait encore me coûter bien du temps et du travail. Je choisis quatre arbres plantés à égale distance au pied d'un roc assez élevé, qui devait m'abriter du vent du nord ; c'étaient des colonnes qui devaient soutenir mon édifice. J'avais tant de zèle pour cette entreprise, que j'allais m'y mettre sans penser que j'étais à jeun ; mon estomac m'en fit souvenir, et je trouvai prudent de me fortifier par un peu de nourriture avant de me mettre à l'ouvrage. Je fis une courte prière pour demander à Dieu de m'accorder ce pain de tous les jours qu'il veut que ses enfants attendent de lui. Je cherchai des yeux Castor; je le vis au bord de la mer, pêchant fort adroitement avec ses pattes des crabes dont il se régalait; je l'imitai, et j'en fis une assez bonne provision, mais je n'étais pas d'avis de les manger sans les faire cuire; il fallait prendre le temps d'allumer du feu; en attendant, je dévorai quelques huîtres que je trouvai sur le sable. Lorsque j'eus déjeuné, je courus à la place que j'avais choisie pour me construire une demeure; je cassai une très-grande quantité de branches flexibles que je plaçai en travers d'un arbre à l'autre; je les attachai fortement au moyen de certaines plantes filandreuses qui croissaient en abondance dans les fentes des rochers. Je fis de cette manière une espèce de cloison à trois faces, mais elle était tout à jour; pour la rendre plus serrée, plus solide, j'entrelaçai d'autres branches dans tous les sens. Je parvins, à force de travail et de constance, à faire trois murailles assez fortes, solidement appuyées sur quatre colonnes; le devant était encore tout ouvert : il s'agissait de le fermer en partie et d'y faire une espèce de porte ; c'était là le difficile, et mon imagination ne me fournissant aucun moyen, je m'assis devant mon imparfait ouvrage et je me mis à pleurer. Après avoir perdu une heure dans d'inutiles plaintes, j'eus honte de ma faiblesse. « Je ne suis pas encore un homme, me dis-je, mais je dois le devenir ; mes forces augmenteront tous les jours, et ce qui me paraît impossible à présent me deviendra facile quand je serai plus grand. Je dois donc me contenter de ce que je puis faire, en attendant que l'âge me donne de nouveaux moyens. » Le soleil me brûlait pendant que je faisais ce raisonnement ; je songeai que je pouvais me garantir de ses rayons au milieu des murs que je venais d'élever ; je me retirai en me réjouissant d'être à l'ombre. Castor m'y suivit et nous nous reposâmes pendant la grande chaleur du jour. Vers le soir je pris le chemin du bois de chênes ; j'y fis une bonne provision de glands doux et de citrons ; je trouvai aussi quelques pommes de terre, et, tranquille sur ma nourriture pour le jour et le lendemain, je revins au rivage, où la vue de ma cabane imparfaite me fit encore pousser de profonds soupirs. Un plaisir inattendu chassa mes tristes idées : mon chien me rejoignit traînant un animal semblable à celui qu'il avait déjà tué ; c'était un agouti, mais alors j'en ignorais le nom ; il m'abandonna sa chasse, sachant bien qu'il en aurait sa part. La bête fut bientôt dépouillée ; mais il me prit envie de la manger rôtie. Je fis un feu assez ardent; je plantai en terre deux branches d'arbre qui avaient la forme de fourche; je passai une baguette bien droite au milieu du corps de l'agouti; je la posai en travers sur les deux fourches, et je me mis à tourner la broche. Des pommes de terre qui cuisaient en même temps devaient augmenter l'agrément de ce repas en me tenant lieu de pain. Lorsque mon rôt fut à moitié cuit, je l'arrosai du jus de citron; celui de la bête qu s'y mêlait tombait dans ma tasse de calebasse que j'avais placée dessous, et forma une sauce, qui ne me laissa rien à désirer. Nous soupâmes de grand appétit, moi et mon camarade. Avant de monter sur mon arbre pour me livrer au sommeil, je songeai à préserver le reste de ma viande jusqu'au lendemain; je la mis dans le creux d'un rocher, et la couvris légèrement de quelques feuilles, me flattant que, les nuits étant assez fraîches par le voisinage de la mer, elle se conserverait aisément. Mon espoir ne fut pas trompé; nous eûmes de quoi manger le jour suivant sans que je fusse obligé de faire du feu et de perdre du temps à chercher notre subsistance.

Je m'occupai donc uniquement d'achever ma cabane; je cherchai parmi les pierres qui se trouvaient au bord de la mer; j'en trouvai une large et plate qui était tranchante d'un côté; je m'en servis pour creuser la terre autour de deux jeunes arbres que je vins à bout de déraciner. Je fis ensuite deux trous profonds au-devant de ma maisonnette, à égale distance des deux arbres. Je me servais alternativement de mes mains, de mon couteau et de grandes coquilles. Quand j'eus assez creusé ces trous, j'y plantai les deux jeunes arbres que je destinais à recevoir et à soutenir ma porte; la distance de ces arbres aux colonnes fut remplie de branches entrelacées, ce qui forma un quatrième mur, qui ne différait des trois autres que parce qu'il avait une ouverture. Je fus fort content de mon ouvrage; je m'assis pour le contempler et prendre un peu de repos. J'avais la veille étendu la peau de l'agouti pour la faire sécher au soleil, espérant en tirer parti; je m'aperçus qu'elle se racornissait et ne serait plus propre à rien. Combien je désirais de posséder quelques clous et un marteau! J'aurais cloué cette peau en l'étendant de toutes mes forces, et elle aurait séché sans se rétrécir.

J'entrai dans mon enceinte de feuillage pour travailler à ma porte, qui me donna beaucoup de peine; je formai un carré long de quatre branches très-fortes; le difficile était de les assujettir; je n'y réussis qu'après bien des essais, et je fus obligé d'y sacrifier une partie de ma ficelle dont j'étais très-avare ; je remplis ce cadre de la même manière que mes murailles, et je l'adaptai à celle du devant ; je liai cette porte de manière qu'elle avait du jeu ; lorsque je l'ouvrais, elle retombait d'elle-même. Il ne me restait plus qu'un toit à fabriquer ; je voulais le composer de roseaux ; je passai la soirée à en amasser sur les bords d'un ruisseau peu distant de mon habitation ; j'en coupai tout ce que j'en pouvais porter ; je fis cinq ou six voyages, et, avant de me coucher, j'en avais un grand tas auprès de ma cabane.

En grimpant sur mon arbre, je me berçais de l'idée que ce serait la dernière fois que je passerais la nuit si mal à mon aise ; j'espérais achever mon édifice le lendemain, et j'étais si occupé de ce qui me restait à faire que je dormis fort peu. Mon premier projet était de ranger horizontalement des branches appuyées sur mes quatre murs, et de les couvrir d'une épaisse couche de roseaux.

Mais je réfléchis que les toits des maisons et des chaumières d'Europe étaient en pente pour faciliter l'écoulement des eaux. « S'il survenait de grosses pluies, me disais-je, elles pénétreraient bientôt mon toit, s'il était absolument plat. » Heureusement que le rocher contre lequel j'avais adossé ma cabane était plus élevé que les murs. Ce fut sur lui que j'appuyai un des côtés de ma charpente ; l'autre reposait sur le mur de devant, plus bas d'environ un pied et demi. Lorsqu'elle fut solidement établie, je rangeai par-dessus trois couches de roseaux bien serrés les uns contre les autres, et je me vis enfin possesseur d'une cabane bien close qui devait me garantir de la chaleur pendant le jour, et m'offrirait le moyen de reposer tranquillement la nuit sur un lit de feuilles sèches et de mousse. Ce ne fut qu'après avoir préparé cette couche délicieuse que je songeai à me fortifier par un léger repas. Il ne me restait de mes provisions que des patates rôties ; je voulus y ajouter quelques huîtres ; pendant que je les détachais du rocher où elles étaient fortement collées, je vis Castor qui grattait quelque chose de rond qu'il avait trouvé dans le sable et qu'il avalait avidement. Je cherchai dans le même endroit, et je découvris beaucoup de boules blanches enveloppées d'une peau comme un parchemin mouillé et recouvertes d'une couche de sable ; je me doutai que ce pouvait être des œufs de tortue.

J'avais entendu dire aux matelots que c'était un manger excellent ; je m'en emparai ; mais j'étais tellement las que je remis au lendemain pour les faire cuire. Cette soirée fut très-heureuse pour moi ; j'aperçus dans le creux d'un rocher quelque chose de blanc qui excita ma curiosité ; j'en portai à ma bouche, et je reconnus avec joie que c'était du sel; je regrettais souvent d'en être privé : les patates, les œufs et même la viande me paraissaient bien fades sans cet assaisonnement ; j'en remplis deux grandes coquilles creuses, et je les portai chez moi avec mes autres provisions. En approchant de ma demeure, je sentis un mouvement d'orgueil en pensant que cette jolie cabane était mon ouvrage ; je conçus une haute idée de mes talents, et je ne doutai pas que je ne fusse capable d'exécuter tout ce que je voudrais entreprendre. J'appelai mon fidèle camarade, à qui j'avais aussi composé un lit de feuilles ; nous nous étendîmes mollement l'un près de l'autre, et je passai la nuit la plus délicieuse, embellie par les plus jolis songes.

Je commençais à ne plus craindre les bêtes farouches; depuis que j'étais dans mon île je n'en avais point aperçu ; aucun cri, aucun hurlement n'avait troublé mon repos. Ma cabane me paraissait donc tout ce que je pouvais désirer ; le soleil n'y pénétrait point; je ne désespérais pas de l'orner de quelques meubles utiles, et alors je n'aurais pas changé mon logement pour la plus belle maison de mon village natal, tant la propriété donne de prix aux moindres choses.

Les enfants à qui l'on racontera mon histoire s'étonneront peut-être que je pusse vivre sans jouer; mais qu'ils pensent à tout ce qui occupait mon esprit, et combien mon temps était précieux; les jours s'écoulaient trop vite pour tout ce que j'avais à faire. Le seul plaisir que je me permisse était de me baigner un peu avant le coucher du soleil; après une journée brûlante, rien ne me paraissait plus agréable; je nageais en tous sens, mais sans m'éloigner du rivage. Mon ami Castor veillait sur moi avec une tendre inquiétude, et, lorsque je revenais à terre, il me témoignait sa joie en sautant sur mes épaules et me faisant mille caresses. J'avais soin de m'entretenir dans une grande propreté; je lavais souvent ma chemise, mon pantalon de nankin et mon gilet de coutil. Pour mes bas, il y avait longtemps que les pieds en étaient usés et qu'ils ne pouvaient plus me servir; comme je prévoyais que j'aurais besoin de fil, je les défis, et j'en eus une grosse pelote.

Je revins à mes œufs de tortue, qui me promettaient un repas friand, puisque j'y pouvais ajouter du sel; je les trouvais parfaits; mais ma satisfaction fut bien troublée quand je m'aperçus que l'amadou allait me manquer. Mes occupations des jours précédents m'avaient empêché d'y songer. Qu'allais-je devenir privé des moyens d'avoir du feu ? Je serais donc réduit à me nourrir d'huîtres, de glands et d'œufs crus ?

Mes bonnes patates et la chasse de mon chien me deviendraient inutiles, car je ne pourrais me résoudre à manger de la chair crue et ensanglantée. Les larmes que je versai soulagèrent mon cœur ; je tournai mes yeux vers le ciel, et je priai Dieu de me donner du courage et de m'inspirer ce que je devais faire. Après avoir bien réfléchi, je conclus que je devais parcourir mon île dans tous les sens ; j'espérais découvrir quelques nouvelles productions, des fruits qui n'auraient pas besoin d'être cuits et qui pourraient servir à ma nourriture. Heureusement que j'avais appris à bord de notre vaisseau à connaître les aires du vent ; c'étaient eux qui devaient me diriger dans mon voyage et me faire retrouver mon chemin. Je passai cette journée à tout préparer pour mon départ ; j'allai déterrer des pommes de terre, et j'en fis cuire autant que j'en pouvais porter. Le lendemain, de grand matin, je partis accompagné de Castor ; je pris ma route vers le nord, et, après avoir marché environ deux heures, je me retrouvai au bord de la même rivière que j'avais passée à la nage, mais sur la rive opposée à celle que j'avais parcourue. Celle-ci était embellie de quantité d'arbres de différentes espèces. Les citronniers y étaient en grande abondance, et je remarquai plusieurs de ces arbres si hauts, à feuilles si larges, et au sommet desquels pendaient ces grosses noix que je n'avais pu briser. L'envie me prit d'y monter pour en faire tomber quelques-unes et faire un nouvel essai. J'y parvins avec beaucoup de peine, et je jetai à terre une douzaine de ces fruits. Lorsque je fus descendu, j'en pris un que j'examinai soigneusement : l'écorce extérieure était composée de filaments comme si elle avait été faite de chanvre ; la seconde écorce était dure comme du fer ; je ne doutai pas qu'elle ne renfermât quelque chose de bon à manger, et je m'avisai d'un expédient pour la couper en deux. Je commençai par l'assujettir entre des pierres, je posai mon couteau bien droit au milieu de la noix, et avec un gros caillou je frappai dessus de toutes mes forces ; j'eus le plaisir de voir qu'il entrait dans l'écorce ; je redoublai mes coups de manière qu'elle se sépara par la moitié. Le noyau était une espèce de moelle qui avait le goût d'amande douce, et dans le milieu, qui était creux, je trouvai un lait d'un goût excellent.

Oh ! combien je remerciai Dieu de m'avoir préparé cette nourriture pour le moment où je craignais d'en manquer ! Les deux moitiés de la noix formaient deux belles tasses, et je me voyais le moyen de m'en procurer de semblables autant qu'il m'en faudrait. Je rompis plusieurs autres noix, et je m'en rassasiai entièrement, réservant mes patates pour un moment de disette. Castor avait gagné un petit bois voisin ; pour moi je m'endormis sous un arbre ; je fus éveillé par un bruit qui m'effraya d'abord, mais je fus bientôt rassuré, c'était un troupeau de chèvres sauvages qui venaient se désaltérer à la rivière. La vue de ces animaux me causa une vive joie ; je formai sur-le-champ le projet d'en prendre une en vie ; leurs mamelles pendantes me faisaient espérer un lait abondant, et je mourais d'envie de m'en régaler. Je me réjouis de l'absence de mon chien, dont les aboiements auraient effarouché tout le troupeau. Je me cachai derrière un gros arbre, et, pendant que les chèvres buvaient avidement et se rafraîchissaient dans l'eau, je préparai ma ficelle, je la mis en trois pour lui donner plus de force, j'y fis un nœud coulant, et, lorsque ces bêtes sortirent de la rivière, je guettai celle qui passerait le plus près de moi. Ces animaux, que personne n'avait jamais attaqués, étaient sans défiance. Une mère, près de mettre bas, rasa de fort près l'arbre où j'étais en sentinelle. Je jetai mon nœud coulant avec tant de bonheur que ses cornes s'y trouvèrent prises ; je tirai si fortement la ficelle que la chèvre tomba par terre, et, pendant qu'elle se relevait, je l'attachai au tronc de l'arbre, de manière qu'il lui fut impossible de se débarrasser de ses liens. La pauvre bête se débattait et tâchait de me frapper de ses pieds et de ses cornes, mais j'avais soin de m'en tenir éloigné. Ses bêlements plaintifs me faisaient pitié ; mais je m'en promettais tant d'utilité que je ne fus pas tenté de lui rendre la liberté.

Tout le troupeau épouvanté avait pris la fuite ; je restai seul avec ma prise ; je résolus de renoncer pour ce jour-là à mon voyage de découvertes, et de reprendre avec la chèvre le chemin de ma cabane pour l'y mettre en sûreté. Je dînai en hâte avec mes patates rôties, et sitôt que Castor m'eut rejoint, je détachai la ficelle de l'arbre, et la passant autour de mon bras gauche, je pris dans la main droite une grosse branche dont je frappai ma chèvre en la tirant du côté de ma demeure. Je n'aurais jamais pu l'y conduire sans le secours de mon chien ; elle résistait de toutes ses forces et voulait me donner des ruades ; mais les aboiements de Castor l'effrayaient ; il la suivait à la piste et lui mordait les jambes quand elle refusait d'avancer. Nous gagnâmes la cabane avant la nuit ; j'attachai de nouveau ma prisonnière à un gros arbre planté dans un endroit sablonneux où l'on ne voyait pas un brin d'herbe. J'avais entendu dire que l'on domptait par la faim toute espèce d'animal ;

je décidai de laisser celui-ci sans nourriture jusqu'au lendemain, quoiqu'il m'en coûtât de faire jeûner ma nouvelle hôtesse, que je chérissais déjà et dont j'espérais me faire aimer. Quand je fus tranquille sur son compte, j'entrai chez moi avec mon compagnon, et je me couchai sur mon lit de feuilles, bien content de ma journée.

Le lendemain, au point du jour, je m'occupai à ramasser de l'herbe fraîche pour le déjeuner de ma chèvre ; je passai près d'elle ; la pauvre bête était couchée sur le sable et paraissait fort abattue. Elle tourna vers moi des yeux languissants ; je me hâtai de faire ma provision de fourrage ; je lui présentai les herbes que je venais de cueillir ; elle les mangea avec avidité, et se laissa caresser sans résistance. J'étais enchanté d'avoir une nouvelle compagne, et c'était alors pour le seul plaisir de sa société ; car, étant près de faire ses petits, elle n'avait point de lait.

CHAPITRE IV.

Le parc aux chèvres. Augmentation de famille. Le karatas. Félix manque d'amadou. Chagrins. Consolations. Nouveau départ. Les cannes à sucre. Les citronniers. Vive la limonade! Le riz. Les fraises. La caverne impénétrable. Regret de Félix de ne pouvoir y entrer. Le coffre. Félix ne peut l'ouvrir. Il casse son couteau. Retour à la cabane. Le lait de chèvre. Surprise agréable. Joie folle de Félix.

L'augmentation de ma famille changeait tous mes projets. Je ne pouvais penser à m'éloigner de ma demeure que je n'eusse mis en sûreté non-seulement la chèvre, mais tout le troupeau dont je croyais déjà être possesseur. Je voulais construire un parc auprès de ma cabane ; après bien des réflexions, voici comment je m'y pris. Je déplantai un grand nombre de jeunes arbres, et j'enlevai avec eux une partie de la terre qui environnait leurs racines ; je fis dans un espace carré des trous fort près les uns des autres ; j'y plantai mes jeunes arbres, et au pied de chacun d'eux je mis en terre des plantes grimpantes, très-communes dans cet endroit. Mes tasses de coco, car je sais à présent que c'est le nom de ce fruit précieux, me furent fort utiles pour puiser de l'eau dont j'arrosai ma plantation, non sans de grandes fatigues ; n'ayant que de si petits vases, je faisais chaque jour plus de trente fois le chemin jusqu'au plus prochain ruisseau. Rien n'était capable de me rebuter ; je travaillais avec un courage infatigable, et je craignais tellement de perdre un moment, que je vivais avec la plus grande sobriété. Des huîtres, des glands et quelques noix de coco étaient ma seule nourriture, parce qu'elle ne demandait pas d'apprêt. Pendant ce temps, ma chèvre, toujours attachée, commençait à s'apprivoiser. J'avais soin de l'approvisionner de grand matin pour toute la journée ; le soir je la conduisais au bord du ruisseau, où elle se désaltérait. Elle avait lié amitié avec Castor ; quand elle était couchée, il jouait entre ses cornes. La bonne intelligence de ces animaux me réjouissait, comme celle qui règne entre les frères charme le père de famille.

Un matin que je sortais de ma cabane, je fus agréablement surpris à la vue de deux petits chevreaux couchés près de ma chèvre et attachés à ses mamelles. Je m'approchai, le cœur palpitant de joie ; je caressai les nouveau-nés ; la mère ne s'y opposa point, et me regarda d'un air satisfait. Je courus aux champs, et ne plaignis point ma peine pour approvisionner la mère et ses nourrissons. Lorsque je fus de retour, ces derniers dormaient paisiblement. Je fus tenté de presser le pis de ma chèvre et d'avaler une bonne tasse de lait chaud ; je me reprochai bientôt cette idée de gourmandise. « Non, dis-je, je ne priverai pas ces innocents animaux de la nourriture que la nature leur a préparée ; j'attendrai, pour me satisfaire, qu'ils puissent brouter l'herbe comme leur mère ; alors le soin que je prendrai de leur subsistance me donnera le droit de partager avec eux l'aliment qui leur est nécessaire à présent. » J'observai ensuite que ma chèvre, toujours liée au tronc de son arbre, devait se trouver mal à son aise pour allaiter ses petits. L'enceinte de mon parc était presque achevée ; les arbrisseaux et les plantes avaient déjà pris racine ; les uns et les autres poussaient des feuilles nouvelles, et devaient s'entrelacer en croissant. Je n'y avais laissé qu'une petite ouverture pour donner passage à moi et à mon troupeau ; je l'y conduisis, persuadé que la chèvre, entourée de ses enfants et pourvue de tout ce qui lui était nécessaire, s'attacherait à sa nouvelle demeure et à moi-même. Je me proposais d'ailleurs de lui ôter les moyens de me quitter si la fantaisie lui en prenait ; je ramassai une quantité de branches desséchées d'arbustes épineux, je les plaçai en dedans du parc le long de la haie, pour mieux retenir la chèvre et l'empêcher d'approcher de la jeune haie, qu'elle n'eût pas manqué de ronger, et dont, après tout, elle se serait moquée. Lorsque je l'eus fait entrer dans le parc avec ses petits, je la débarrassai entièrement de ses liens ; elle m'en témoigna sa joie par mille gambades ; puis elle s'établit sur une bonne litière de feuilles sèches, et les jeunes chevreaux recommencèrent à téter.

Je sortis alors de l'enceinte, dont je fermai l'entrée avec des branchages et des pierres, et j'allai me remettre au travail avec un cœur bien content. Je continuai de chercher, au milieu des plantes diverses qui croissaient dans les fentes des rochers ou à leur pied, celles qui me paraissaient propres à grimper le long de mes jeunes arbres et à rendre ma haie plus fourrée. Ce jour-là j'en découvris une nouvelle d'une espèce fort singulière, et que j'ai su depuis s'appeler *karatas*. Ses feuilles, grandes et épaisses, étaient creusées au milieu en forme de coupe, et paraissaient composées d'un tissu dont il me parut que je pourrais tirer du fil très-fort ; la tige était droite et son sommet portait, au milieu d'une touffe de feuilles, quantité de belles fleurs rouges. Je transplantai quelques-uns de ces jolis arbrisseaux qui me servirent à fortifier les murs de mon parc ; mais j'étais loin d'imaginer à quel point ils me deviendraient utiles. Un grand appétit m'obligea d'interrompre mon travail, j'allai vers le rivage pour y chercher des huîtres; je trouvai Castor qui s'occupait avec ardeur à déterrer des œufs de tortue, et qui n'en mettait pas moins à les avaler. Je me mis de la partie; j'en emportai plusieurs, et me disposai à les faire cuire; mais, ô douleur! je vis que j'allais employer le reste de mon amadou, et que désormais je serais contraint de me passer de feu. J'étais vraiment consterné; je regardais tristement mon briquet et mes pierres à fusil, et l'impossibilité d'en faire usage à l'avenir me désolait. Mon repas ne fut pas gai, et mon ouvrage le reste du jour se ressentit du découragement où j'étais tombé. Le soir, je fis ma prière avec la même langueur; l'inquiétude écarta de moi le sommeil, et je passai une grande partie de la nuit dans de tristes réflexions. « Qu'est-ce donc, me disais-je, que la vie d'un homme, puisque celle d'un enfant est mêlée à tant de peine? » Je repassais alors dans mon esprit mon naufrage, l'abandon où je me voyais, le peu de force et de moyens dont j'étais pourvu, et je me trouvai extrêmement misérable. « Si du moins j'avais, disais-je en soupirant, une hache, une scie, un marteau et des clous, je pourrais, à l'aide de ces outils, exécuter bien des choses que j'ai en projet, et que je ne puis entreprendre avec mes seules mains. Si un seul de mes camarades eût été sauvé ainsi que moi, quel plaisir j'aurais goûté dans sa compagnie! Nous nous serions aidés, consolés mutuellement; nous nous serions aimés, et je n'ai pas ici une créature semblable à moi qui me chérisse, et à laquelle je puisse m'attacher. » Ces pensées affligeantes m'en firent naître une d'un genre bien différent. « Ingrat! m'écriai-je, de quoi oses-tu te plaindre? Tu murmures contre Dieu parce qu'il t'a sauvé tout seul! N'est-ce pas un bienfait de sa Providence dont tu dois lui rendre grâce? Qu'as-tu fait pour mériter cette faveur? rien sans doute. Mais pourquoi Dieu t'a-t-il conservé la vie? C'est pour que tu te corriges, que tu expies tes fautes par le travail et par les peines de ta situation. Soumets-toi donc à sa volonté, et considère toutes les grâces qu'il te fait pour en être reconnaissant. » Je réfléchis alors que j'aurais pu aborder une terre peuplée d'animaux féroces qui m'eussent dévoré, ou un lieu si aride que j'y aurais péri ou de faim ou de soif, et que toutes les ressources que j'avais trouvées dans mon île, je les devais aux soins paternels de mon Créateur. Je fus si frappé de ces idées consolantes que mes larmes de désespoir se changèrent en larmes d'attendrissement. Mon sang, rafraîchi par mes dernières réflexions, me

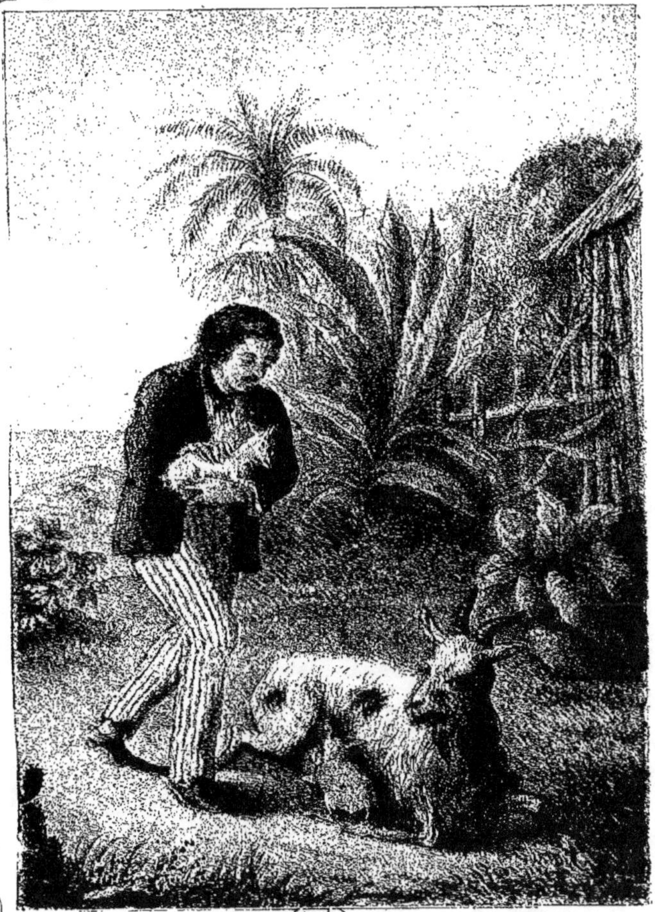

Je m'approchai, le cœur palpitant de joie, je caressai les nouveau-nés, la mère ne s'y opposa point.

permit, avant le jour, de goûter quelques heures de sommeil.

Mon enclos fut achevé le lendemain, et je repris mon projet de voyage. Je pouvais sans inquiétude m'éloigner pour quelques jours de mes chers animaux. Outre une provision de fourrage que je leur laissais, ma chèvre pouvait brouter les pousses des jeunes arbres qui formaient la haie de son parc. Quand elle eût pu manger toutes celles du dedans de l'enceinte, celles du dehors lui conservaient assez d'épaisseur.

Je ne me chargeai cette fois que d'huîtres et de glands, les patates me devenant inutiles, et je laissai à la Providence le soin de me nourrir. Je partis avec mon chien avant le lever du soleil, et je pris le même chemin que la première fois. Arrivé au bord de la rivière et sous les beaux cocotiers, j'y montai lestement et je me procurai un excellent déjeuner. Je côtoyai ensuite la rivière, toujours marchant vers le nord. J'aperçus à quelque distance un petit bocage qui me parut charmant ; mais, pour m'y rendre, il fallait traverser un grand terrain couvert de roseaux qui étaient couchés pêle-mêle et gênaient beaucoup ma marche. Castor allait devant moi et me frayait le chemin ; je le suivais lentement. Pour me soutenir dans cette route difficile, je coupai une grosse canne de roseau ; en m'appuyant dessus, je sentis ma main toute mouillée d'un jus glutineux qui en sortait ; je fus curieux d'en goûter, et je reconnus, avec autant de surprise que de joie, que c'était du sucre. J'avais appris à bord que ce sont des cannes qui le produisent ; je ne doutai pas que je n'eusse trouvé cette précieuse plante. J'en mangeai beaucoup, et je me sentis rafraîchi et fortifié par cet excellent jus. Je coupai une douzaine de ces cannes, et, marchant avec un nouveau courage, je gagnai le petit bois, qui était presque tout composé de citronniers. « Vivat ! Félix, m'écriai-je, nous allons avoir de la limonade ! » La façon n'en fut pas difficile ; j'exprimai dans une tasse de coco les jus réunis de quelques citrons et d'une canne à sucre, et j'obtins une boisson aussi agréable que saine. Le soleil étant alors dans toute sa force, je me couchai sur le gazon et m'endormis profondément. A mon réveil, un vent rafraîchissant se faisait sentir, et m'invitait à continuer mon voyage. Avant de sortir du bois, je fis une découverte qui me fut très-agréable ; c'étaient des arbres qui ont beaucoup de rapport avec nos acacias ; ils portent de belles fleurs, et sont couverts de fortes épines qui croissent trois par trois ; elles sont si pointues qu'on pourrait en faire une arme dangereuse. Je vis d'un coup d'œil le parti que j'en pouvais tirer ; je pensai qu'en les faisant sécher au soleil elles deviendraient si dures qu'elles pourraient me tenir lieu de clous. J'en coupai un assez grand nombre ; je les liai avec de la ficelle, et les mis sur mon épaule au bout d'un bâton.

A la sortie du bois je trouvai un champ couvert de riz ; cette vue me réjouit d'abord, mais je me rappelai bientôt que la privation du feu m'empêcherait d'en faire usage ; je n'y vis alors d'utile que la paille. Je ne désespérai pas de pouvoir la tresser, et de me faire un chapeau, dont j'avais grand besoin pour me défendre de l'ardeur du soleil. Je montai ensuite sur une petite éminence, d'où je découvris encore une autre partie de la côte, dont l'aspect me parut si différent de celle que j'avais vue, que je résolus de l'examiner de près. Je crus pouvoir m'y rendre dans la journée du lendemain. Je descendis dans la plaine, et, après avoir soupé avec des noix de coco et des glands, et bu une tasse de limonade, je m'arrangeai sur un arbre pour y passer la nuit. Mon compagnon de voyage était moins embarrassé que moi pour sa nourriture. Il découvrait souvent dans les hautes herbes les nids de différents oiseaux, dont il croquait les petits. Il m'apportait souvent une partie de sa chasse, ce qui ne servait qu'à renouveler mes regrets.

La journée suivante fut fort pénible. Je ne pris guère le temps de me reposer ; mais je cueillis, chemin faisant, de nouvelles cannes à sucre, et je trouvai une place semée de grosses fraises du Chili, qui me rafraîchirent beaucoup. Le vent, qui venait du côté de la mer, tempérait la chaleur, et cette heureuse circonstance me permit d'atteindre mon but avant la nuit. J'étais extrêmement fatigué, et je n'eus d'autre idée, en arrivant, que de chercher le repos dont j'avais besoin.

Je me levai de bonne heure pour faire mes observations. La côte, en cet endroit, était toute hérissée de rochers des formes les plus variées et les plus singulières. Quelques-uns étaient faits comme des baignoires ; l'eau y arrivait à la marée montante, et l'on pouvait y prendre un bain le plus commodément du monde. Il s'y trouvait du sel en abondance. Le sable était couvert de coquillages de toute espèce. Parmi un grand nombre d'huîtres et de moules, je reconnus des coquilles de Saint-Jacques, dont j'aurais fait un bon repas si j'avais pu les faire cuire.

Je visitai la chaîne des rochers qui bordaient la côte ; j'en découvris un qui offrait une ouverture comme celle d'une caverne ; mais elle était exactement bouchée par un si grand nombre de plantes épineuses, qu'il m'était impossible d'y pénétrer.

Mon couteau n'était pas assez fort pour couper ces épaisses broussailles, et, après m'être mis les mains tout en sang, je fus forcé d'y renoncer. Ce ne fut pas sans un violent chagrin; je venais de penser, pour la première fois depuis mon naufrage, que la belle saison où je me trouvais ne durerait pas toujours, que l'hiver lui succèderait, et que ma jolie cabane, dont j'étais si glorieux, ne résisterait pas aux grosses pluies, et pourrait être renversée par un coup de vent, Il était donc essentiel de me ménager un abri plus sûr et en état de résister aux tempêtes; je ne voyais rien de mieux que d'habiter le creux d'un rocher; je croyais en avoir trouvé un qui pouvait me servir de retraite, mais des obstacles insurmontables m'en défendaient l'entrée. « Si j'avais au moins une hache, disais-je en pleurant amèrement, je couperais toutes ces ronces, quand je devrais y passer huit jours. Si j'avais encore de l'amadou, je pourrais y mettre le feu; il ne brûlerait que ces fatales plantes, et ne consumerait pas la pierre. Mais tous les moyens me manquent; je suis destiné à périr par le froid ou par les eaux. » Je ne fus pas longtemps sans me repentir de ces nouveaux murmures. « Mon Dieu! m'écriai-je, vous ne m'avez pas sauvé du naufrage pour m'abandonner sans secours. Voilà déjà bien du temps que je subsiste ici par les soins de la Providence, je veux m'y confier et tout attendre de votre bonté. » Ranimé par cette prière, je marchai le long du rivage, en avalant de temps en temps des huîtres ou des moules. Ma surprise fut extrême en découvrant un grand coffre d'un bois fort dur, à moitié enterré dans le sable. Je pensai qu'il venait du vaisseau qui devait s'être brisé de ce côté, et l'espoir d'y retrouver quelque chose qui pourrait m'être utile me fit employer tous mes efforts à l'ouvrir. Il fallait profiter du moment où la mer descendait, car dans le flux le coffre était couvert d'eau, et c'est ce qui y avait amoncelé tant de sable. Je l'en débarrassai avec beaucoup de peine, et je parvins à découvrir la serrure. Elle était si forte qu'il n'était pas possible de la briser ; si j'avais pu couper le bois tout autour, je l'aurais fait sauter ; mais je l'essayai vainement, et cette inutile tentative me coûta cher ; je cassai mon couteau ! C'était pour moi une perte bien sensible ; je ne voyais plus aucun moyen de rompre les noix de coco, qui étaient devenues ma principale nourriture. Je me reprochai cet accident, parce que j'aurais dû réfléchir que, quand j'aurais réussi à briser la serrure, mes forces ne m'eussent jamais permis de lever le couvercle du coffre.

Tant de mauvais succès m'avaient plongé dans la tristesse. J'avais d'autant plus de regret de ne pouvoir former un établissement dans cette partie de l'île, que c'était celle où j'aurais trouvé le plus de ressources réunies. Les coquillages abondaient sur la côte ; les patates croissaient derrière les rochers; des bouquets de bois semés çà et là m'offraient le coco nourrissant, le citron salutaire, la figue des Indes, et plusieurs autres fruits dont j'ignorais le nom, mais dont le goût me semblait délicieux. Des ruisseaux coulaient de tous côtés ; le saule et l'osier croissaient sur leurs rives; les chèvres sauvages y venaient boire par troupes, et j'avais eu l'espoir d'en prendre encore quelques-unes. Il fallait renoncer à tous ces avantages, puisque je ne pouvais me construire une demeure plus sûre que celle que j'avais déjà. Je me décidai à y retourner, espérant distraire mon chagrin par la vue de mes propriétés, et surtout de mon petit troupeau. Je ne retrouvai pas facilement mon chemin, ou plutôt j'en pris un autre beaucoup plus long; je passai plusieurs nuits à la belle étoile, et n'arrivai chez moi que le quatorzième jour après mon départ. Je retrouvai ma cabane et mon enclos dans le meilleure état, et mes chères petites bêtes en très-bonne santé. Les chevreaux paissaient l'herbe qui tapissait le parc, et pouvaient déjà se suspendre aux branches des jeunes arbres. Les voyant en état de pourvoir à leur subsistance, je ne balançai pas à traire la chèvre, et je remplis de son lait une de mes tasses de coco ; je le bus avec délices, après y avoir exprimé le jus d'une canne à sucre. Ce breuvage rétablit mes forces, que mon pénible voyage avait épuisées. Je voulus donner le reste de la journée au repos. Je fis sortir du parc la chèvre et ses petits ; j'attachai la mère à un arbre, par une longue ficelle qui lui permettait de s'écarter à une certaine distance. J'aurais même pu me dispenser de cette précaution ; elle était tout apprivoisée, reconnaissait ma voix, et m'aurait suivi comme un chien. Les petits chevreaux bondissaient autour de leur mère. Je m'assis pour jouir de ce spectacle intéressant. Je contemplai ensuite ma maisonnette, qui faisait un effet charmant et surtout aux yeux de l'architecte. Le parc placé au-devant l'embellissait encore. Le feuillage des jeunes arbres était devenu très-épais ; les plantes grasses ou épineuses dont j'avais rempli les intervalles avaient grimpé le long des tiges ; elles étaient couvertes de fleurs de couleurs si variées qu'il semblait être au milieu d'un parterre. Je remarquai surtout celle dont j'ai parlé, et dont le rouge éclatant effaçait toutes les autres. Je pris une tige de cet arbrisseau pour l'examiner de plus près ; j'en ôtai l'écorce, j'en tirai un morceau de moelle sèche et spongieuse ; machinalement je dépouillai ainsi plusieurs branches, et je fis un petit tas de cette moelle, sans aucune idée qu'elle pût m'être utile. Le malheur d'être privé de feu me revint à l'esprit et me fit pousser bien des soupirs; je tirai de ma poche mon briquet, je frappai sur la pierre et fis jaillir les étincelles seulement pour passer le temps. O surprise! il en tombe quelques-unes sur la moelle de la plante à fleurs rouges, elle s'allume aussitôt; je me vois pourvu d'un excellent amadou et en possession du plus précieux trésor. La joie dont je fus saisi me fit faire des extravagances; j'appelai Castor; je le baisai, le serrai contre ma poitrine, comme pour la lui faire partager; le bon animal me rendait mes caresses sans en connaître le motif. Je me mis ensuite à courir et à sauter comme si j'avais perdu l'esprit. Quand je fus un peu plus tranquille, je songeai que c'était à Dieu que je devais le bonheur qui me transportait, et je l'en remerciai du fond du cœur. La nuit étant venue, je fis rentrer mes bêtes dans le parc, et je me retirai avec mon chien dans ma cabane, où je retrouvai avec un grand plaisir mon excellent lit de feuilles sèches.

CHAPITRE V.

Grandes occupations. Félix retourne à la caverne. Incendie. Le coffre est entamé. Félix éteint le feu. Les patates brûlées. Les coquilles de Saint-Jacques. Bonne découverte. Félix a des outils. Bonne chasse de Castor. Entrée de la caverne. La fenêtre. L'orage. Le coffre dépecé. Nouvelles trouvailles. L'orage a presque détruit la cabane. Changement de domicile.

Le lendemain, à mon réveil, j'avais tant de choses à faire que je ne savais par où commencer. Après avoir fait ma prière, j'allai traire ma chèvre, et je partageai son lait avec mon bon Castor. De là j'allai sur le rivage à la recherche des œufs de tortue. Je jeûnais depuis longtemps, et j'avais envie de m'en dédommager; j'en trouvai une demi-douzaine. J'avais encore des pommes de terre dans ma cabane; j'allumai un bon feu et je les fis rôtir ; je mis aussi les œufs dans les cendres, et me préparai un dîner fortifiant. J'étais cependant moins occupé de ce que je faisais que du projet de retourner bientôt au lieu où je voulais établir ma demeure pour l'hiver. Au moyen du feu, j'espérais me frayer un passage pour entrer dans la caverne. Le coffre que j'avais trouvé m'occupait aussi beaucoup ; je me creusais la tête pour imaginer comment je pourrais l'ouvrir ; je voulais deviner ce qu'il pouvait contenir, et je me perdais dans mes conjectures. « Si c'étaient des habits, me disais-je, ils viendraient bien à propos ; bientôt les miens vont tomber en lambeaux, et si je suis nu, je ne pourrai supporter l'ardeur du soleil. Si j'y trouvais des armes, je pourrais tuer des oiseaux, et beaucoup de ces espèces de lièvres qui m'ont déjà fourni de si bon rôtis ; je suis toujours bien sûr qu'il y a dans ce coffre des choses qui me seraient fort utiles ; n'est-il pas malheureux que je ne puisse m'en rendre maître? »

Pendant que mon dîner cuisait, je m'occupai à nettoyer le parc ; je mis mon petit troupeau en liberté de paître aux environs ; il n'en abusa pas, et ne s'écarta point de ma demeure ; j'ôtai la vieille litière, et j'en mis de fraîche ; je fis une nouvelle provision de fourrage pour l'absence que je méditais ; enfin j'eus soin de pourvoir mon bétail de tout ce qui pouvait lui être nécessaire.

Je quittai une troisième fois ma demeure, mais sans prendre beaucoup de précaution pour ma subsistance. Avec mon briquet et une bonne provision de la précieuse moelle qui me tenait lieu d'amadou, j'étais sûr de ne pas manquer de vivres ; je marchais légèrement, n'étant point chargé, et le désir d'arriver me donnait des ailes. Je ne trouvai rien de nouveau sur une route que j'avais déjà parcourue, et d'ailleurs je ne pris le temps de faire aucune observation. J'atteignis, le quatrième jour, le lieu désiré ; il était encore assez matin ; aussi je ne voulus point remettre l'exécution de mon dessein. J'y fis du feu ; j'y mis rôtir des pommes de terre que j'avais recueillies chemin faisant ; et, quand le bois fut bien embrasé, je saisis un brandon allumé et je courus au rocher. Je l'introduisis au milieu des racines et des broussailles qui en fermaient l'ouverture ; la flamme se communiqua rapidement de l'une à l'autre, et produisit une fumée si épaisse que je ne pouvais plus distinguer la caverne. Le feu dévora en moins d'une heure tout ce qui était au dehors ; de là il gagna l'intérieur, où il consuma tout ce qui était propre à lui servir d'aliment ; puis il parut s'être éteint. La fumée diminua peu à peu et me laissa apercevoir une ouverture dont la hauteur surpassait de bien peu la mienne, mais qui avait la largeur ordinaire d'une porte. J'allais y entrer avec ma vivacité ordinaire ; mais de nouveaux tourbillons de fumée noire et infecte en sortirent tout à coup et pensèrent me suffoquer. Je m'éloignai promptement, et j'allai m'asseoir à quelque distance pour réfléchir sur ce que j'avais à faire. Je compris que le feu que j'avais cru éteint brûlait encore sous sa cendre, et qu'il y couverait peut-être plus d'un jour. Je vis la nécessité de modérer mon impatience, et, pour m'en distraire, je me rendis près du coffre, second objet de mes désirs et de mes inquiétudes. La marée était basse, il était à sec. Je le considérai de nouveau de tous les côtés, et, voyant toujours la même impossibilité de l'ouvrir ou de le rompre, je tombai dans une profonde rêverie. Tout à coup il me vint en pensée d'y mettre le feu. « Quelque chose qu'il renferme, me disais-je, je puis espérer d'en sauver une partie ; quand le feu en aura consommé un bout, je ferai tous mes efforts pour l'éteindre ; il ne peut brûler vite, puisqu'il est tous les jours couvert de l'eau de la mer. Le feu éteint, je m'emparerai de ce qui ne sera pas endommagé ; au lieu que si je ne prends pas ce parti, je ne jouirai jamais de ce qu'il contient. » Cette fois je n'eus pas à me reprocher d'agir avec trop de précipitation ; ce fut après avoir longtemps réfléchi que je me déterminai à employer ce moyen. J'eus encore la patience d'attendre le flux, parce que je songeai que la mer montante gagnerait le coffre et m'aiderait puissamment à arrêter les progrès du feu. Le moment arrivé, je portai près du coffre plusieurs branches enflammées ; je considérai, le cœur palpitant, le feu qui gagnait le bois, le noircissait d'abord et commençait enfin à le brûler. Comme je l'avais prévu, ce ne fut que très-lentement. Debout vis-à-vis, j'observai ses progrès, partagé entre la crainte et l'espérance. Enfin un bout du coffre ayant été consumé sans produire de flamme, je crus qu'il était à propos d'arrêter le feu. Je n'avais pour puiser de l'eau que mes tasses de coco ; ce moyen eût donc été trop long ; je m'avisai de prendre du sable mouillé, d'en jeter sur le coffre et d'en faire un monceau devant l'endroit où il brûlait. En même temps la mer le gagnait, et par intervalles les vagues le couvraient entièrement. Il est facile de concevoir combien cette circonstance facilitait mon travail. Je parvins à éteindre entièrement le feu, qui avait fait une ouverture assez grande pour que j'y pusse entrer facilement. Mais ce jour était destiné à exercer ma patience ; il fallut attendre le reflux et enlever le sable mouillé dont j'avais bouché le trou pour étouffer le feu avant de connaître le fruit que je retirerais de mes peines.

Forcé de rester oisif, je songeai que j'avais faim ; l'occupation de mon esprit me l'avait fait oublier. J'allai déterrer mes patates ; mais le long temps que je les avais laissées dans les cendres, et le feu trop ardent que j'avais fait, les avaient réduites en charbon. Quel remède à cet accident ? Je n'avais plus la stupidité de verser des larmes inutiles quand j'étais contrarié. Je m'approchai du rivage, et la vue de beaucoup de coquilles de Saint-Jacques me réjouit infiniment. Depuis longtemps je désirais en manger ; je les mis d'abord sur la cendre chaude pour les faire ouvrir ; je les débarrassai du sable qui s'y trouvait ; puis dans la coquille la plus creuse je mis du jus de citron. Je les fis cuire à petit feu, et je fis un dîner excellent. Après ce repas, je fis le tour des rochers pour récolter au delà des pommes de terre pour les jours suivants. Je n'en pouvais recueillir que peu à la fois, n'ayant pour les emporter que mes poches et mon mouchoir ; aussi avais-je résolu de fabriquer un panier d'osier. J'avais souvent vu travailler un vannier, notre voisin, et je me flattais de pouvoir imiter son ouvrage, au moins pour ce qui m'était nécessaire.

Je dormis peu cette nuit, tant j'étais occupé des grands événements du lendemain.

Le creux du rocher serait-il assez grand pour que je pusse m'y loger ? Ne serait-il pas si obscur que je ne pourrais y rien faire ? Que trouverais-je dans le coffre ? L'eau n'a-t-elle point gâté ce qu'il contient ? Voilà les questions que je me faisais, et qui me tinrent longtemps éveillé. Dès que le jour parut, je descendis de l'arbre où j'étais perché, et, me recommandant à Dieu, j'allai d'abord au coffre, et je commençai à le débarrasser du sable qui en bouchait l'ouverture.

Mon chien m'aida dans ce travail en grattant avec ses pattes. Ce fidèle animal avait tant d'instinct, qu'il comprenait tout ce que je voulais lui faire entendre, et tant de docilité qu'il m'obéissait au moindre signe.

Dès que cela me fut possible, j'allongeai le bras dans le coffre et j'en tirai une petite hache ; rien ne pouvait me faire plus de plaisir ; mon couteau se trouvait remplacé d'une manière bien avantageuse ; je pouvais facilement couper du bois et entreprendre différents ouvrages. Je cherchai avec une nouvelle ardeur, et ma joie s'augmenta en voyant une scie, deux marteaux, et un sac plein de clous de toutes grandeurs. En retirant avec peine ces objets précieux, je fis assez de place pour pouvoir y entrer. J'en sortis d'autres scies, d'autres haches grandes et petites, des tenailles, des vrilles, et quantité d'autres outils dont je ne savais ni le nom ni l'usage. Quelques-uns étaient si grands et si lourds qu'ils surpassaient mes forces, et que je fus contraint de les laisser à leur place. Le feu avait brûlé le bois de quelques scies et le manche de quelques haches, mais il en restait d'entières plus qu'il ne m'était nécessaire. Derrière les grands objets que je ne pouvais déplacer, il y avait encore d'autres choses que j'aurais bien voulu m'approprier ; mais, possédant déjà toutes sortes d'instruments, je ne désespérais pas de pouvoir briser le coffre, et de me rendre maître de ce qui y restait.

Un avare qui vient de trouver un trésor n'est pas plus satisfait que je ne l'étais en contemplant mes nouvelles richesses ; c'était le coffre où le charpentier serrait ses outils, que les flots avaient apporté sur le rivage de mon île, et c'était au moment où ils m'étaient le plus nécessaires que je m'en voyais pourvu. J'admirai ce coup de la Providence, et je lui rendis grâce avec des larmes de reconnaissance et de joie.

Je portai près de la caverne tout ce que j'avais tiré du coffre, espérant en pouvoir faire usage dès le jour suivant. Castor me surprit agréablement en m'apportant un agouti plus grand que ceux qu'il avait déjà tués. Je destinai sa peau à me faire des semelles ou espèces de sandales; mes souliers étaient si usés, que mes pieds étaient déchirés par les épines ou meurtris par les cailloux. Je dépouillai l'animal le plus proprement possible, et je clouai sa peau sur le tronc d'un arbre, afin qu'elle ne se retirât pas. Je mis ensuite la bête à la broche, et je laisse à penser si nous fîmes un bon repas, moi et mon camarade. Je recueillis la graisse de l'agouti et j'en frottai la peau à plusieurs reprises pour l'amollir et la rendre plus douce.

J'allais souvent visiter l'ouverture du rocher ; il n'en sortait plus de fumée, et je ne doutai pas que je ne pusse y entrer le lendemain. Au point du jour je m'armai d'une hache, et je m'introduisis hardiment dans la caverne, avec la seule précaution de me faire précéder par mon chien, dont les aboiements m'auraient averti s'il y eût eu quelque danger. Nous marchâmes d'abord sur un tas de cendres, mais elles étaient froides, ce qui me prouva que le feu était éteint depuis longtemps. J'allai d'abord à ma droite et puis à ma gauche, jusqu'aux parois de la grotte, pour juger à peu près de sa largeur ; je comptai vingt-deux de mes pas de l'une à l'autre. Il me restait à m'assurer de la profondeur de la caverne ; pour cela je marchai droit devant moi ; tant que je fus près de l'ouverture, j'avais assez de clarté pour me conduire ; mais à mesure que j'avançais, elle diminuait sensiblement ; je me trouvai enfin dans une entière obscurité. Après avoir compté cinquante pas, je fus arrêté par une muraille de roc, et je reconnus que la grotte se terminait en cet endroit. Je la trouvai suffisamment spacieuse et très-propre à me servir d'asile ; mais quelle triste demeure que celle où le jour ne pénètre jamais ! Comment travailler en dedans de cette enceinte ténébreuse ? Je voulais cependant l'embellir et la meubler ; ma tête était pleine de projets, et cette terrible obscurité m'empêchait de les exécuter.

Je ne me rebutais plus facilement ; je résolus d'habiter provisoirement l'entrée de la caverne, qui se trouvait un peu éclairée, d'y passer au moins la nuit, et d'y serrer mes outils et mes provisions ; et je ne désespérais pas de trouver le moyen d'y faire entrer un peu de jour dans l'intérieur. Pendant huit jours entiers je fis des essais inutiles ; je grimpais sur le rocher en dehors ; je cherchais des endroits où il y avait des fentes, j'y faisais entrer des coins, que j'enfonçais à grands coups de marteau. Quand j'étais venu à bout de faire sauter un éclat de pierre, je croyais que j'allais pratiquer un trou qui donnerait passage à la lumière. Toujours trompé dans mon espoir, excédé de fatigue et désolé de ce mauvais succès, j'allais abandonner mon entreprise, lorsque j'observai un enfoncement dans lequel il avait crû une touffe de plantes qui paraissaient mieux nourries que celles qui poussaient sur le roc ; j'en conclus qu'il y avait plus de terre dans cet endroit que dans les autres, et qu'il serait peut-être plus facile à percer. J'arrachai d'abord toutes les herbes, puis je grattai la terre avec des coquilles, des pierres tranchantes et ma hache. Je ne trouvais point de roc, ce qui augmentait mes espérances ; je jetais de côté la terre et les cailloux que j'ôtais de ce trou. Je me croyais encore loin de réussir, lorsqu'il se forma une ouverture, et la coquille dont je me servais tomba au fond de la caverne. Je fus saisi d'une telle joie que je restai immobile ; mon ardeur se ranima bientôt ; je continuai à gratter, à déblayer, et je parvins à faire un trou d'environ un pied carré. Content de mon travail, je songeais à prendre du repos et à me fortifier par quelque nourriture. Quand j'étais occupé d'un ouvrage important, j'en oubliais le boire et le manger. Cette fois encore, avant de préparer mon repas, je voulus entrer dans ma grotte ; je vis, avec un extrême plaisir, que l'espèce de fenêtre que j'y avais pratiquée y répandait assez de jour pour distinguer tous les objets. Castor paraissait partager ma joie ; il sautait autour de moi, comme s'il eût voulu me féliciter.

J'avais lieu d'être satisfait de ma nouvelle demeure ; le sol en était uni, couvert d'un sable blanc très-fin, et sans aucune humidité. Les parois étaient brillantes, et les pierres qui les composaient semblaient saupoudrées de parcelles d'or et d'argent. La voûte, très-élevée en certains endroits, était plus basse en d'autres ; dans le fond de la grotte, l'espace se rétrécissait et formait une espèce de cabinet. C'était le seul endroit qui ne fût point éclairé ; je le destinai à renfermer mes provisions d'hiver, car je pensais que dans cette saison je ne trouverais plus de fruits ni de patates, et que je ferais prudemment de m'en pourvoir d'avance. Je voulais aussi loger mes chèvres dans une autre partie de la caverne pendant la mauvaise saison, pour les préserver de tout accident.

Mille idées différentes occupaient mon esprit, où il n'y avait que confusion. Je me voyais tant d'ouvrage sur les bras, qu'il me semblait que je n'y pourrais suffire ; j'aurais voulu tout faire à la fois, et la pétulance de mon caractère était telle qu'il me fallut bien des réflexions pour me déterminer à n'entreprendre une chose qu'après l'autre. Avant de commencer mes grands travaux, je jugeai à propos de faire un voyage à ma cabane et d'en ramener mon troupeau, pour lequel j'avais toujours de l'inquiétude quand j'en étais éloigné. Je craignais qu'il ne manquât de fourrage, et que, les chevreaux ayant absolument cessé de téter, la mère n'eût perdu son lait, ce qui me priverait d'une grande ressource pour l'hiver. Je me couchai ce soir-là dans l'intention de partir le lendemain. Depuis que la grotte était éclairée, j'avais placé ma couche plus loin de l'ouverture, dans un enfoncement du rocher qui formait une espèce d'alcôve. Ce fut un grand bonheur pour moi ; je fus éveillé par les éclats du tonnerre ; je me levai sur mon séant, et j'admirai l'effet des éclairs sur mes brillantes murailles, qui semblaient étinceler de mille feux. Le bruit de la foudre répété par les échos de tous les rochers avait quelque chose de si majestueux que je l'écoutais avec ravissement. L'orage se termina par une pluie si abondante que l'eau tombant par la fenêtre et entrant par la porte, inonda une grande partie de la caverne ; mais elle ne gagna point ma chambre à coucher. Cette espèce de déluge dura près de deux heures, que je fus obligé de passer à la même place, et dans une inaction absolue. Enfin la pluie cessa, le ciel s'éclaircit, et le sable de la grotte eut bientôt bu l'eau qui y avait pénétré. Je sortis alors, et je vis avec frayeur les ravages que la tempête y avait causés ; plusieurs arbres avaient été déracinés par la violence du vent, la campagne était inondée, et je marchais dans l'eau jusqu'aux genoux. Oh ! combien je me trouvais heureux d'avoir une demeure solide qui pût me garantir de ces terribles orages ! Je formai sur-le-champ le projet de la rendre encore plus close en bouchant, dans ces occasions, la fenêtre que j'y avais faite. J'éprouvais de vives inquiétudes pour ma cabane de feuillages, pour mon parc et pour mon bétail ; mais je ne pouvais voyager ce jour-là ; il fallait laisser aux eaux le temps de s'écouler. Je pris le chemin du rivage ; les flots agités y avaient entraîné une si grande quantité de coquillages que j'en fis une ample provision. J'avais vidé dans un coin de ma grotte le sac que j'avais trouvé plein de clous; il m'était très-utile pour y mettre ce que je voulais emporter. Je le remplis cette fois de coquilles de Saint-Jacques, d'huîtres, de moules, et de certains coquillages qui, ayant la forme de couteaux, étaient fort tranchants, et pouvaient me tenir lieu du couteau que j'avais cassé.

Après avoir déposé tout cela dans ma caverne, j'allai visiter le coffre. Je vis avec grand plaisir que, pendant la nuit précédente, il avait été tellement battu par les vagues, que les planches commençaient à se disjoindre. Je pris la plus forte hache que je fusse capable de remuer; j'enfonçai des coins entre les planches, et, à force de frapper, je parvins à en détacher plusieurs. Quelle augmentation de richesses! Je voyais le moyen de faire une porte pour ma grotte et un volet pour ma fenêtre. Bientôt tout ce que j'avais laissé dans le coffre se trouva à découvert. Parmi des outils trop pesants pour mes forces, il y avait encore trois grands sacs remplis de clous, un levier de fer, un ciseau de menuisier, et, par un hasard très-heureux pour moi, une petite marmite de fonte avec son couvercle; cette dernière trouvaille me fit sauter de joie. J'allais donc faire du bouillon, et cuire dans l'eau des patates, du poisson et des œufs! Je passai toute cette journée à transporter péniblement dans ma demeure mes nouvelles acquisitions. Quant aux planches, je les tirai bien avant sur la grève, afin que la mer ne pût les entraîner, décidé à les travailler sur le lieu même. Je passai le reste de la journée à mettre de l'ordre dans mes effets ; je les rangeai si bien qu'il m'était facile de trouver l'objet dont j'avais besoin sans déranger les autres. Un sommeil profond me dédommagea de la mauvaise nuit que j'avais passée, et je fus le lendemain en état de me mettre en route. Je retrouvai le chemin le plus court, je repassai par le champ de riz ; actuellement que je pouvais faire du feu, c'était pour moi un grenier d'abondance qui devait m'assurer ma subsistance pendant la mauvaise saison. Mais il fallait acheter cet avantage par bien des soins et des fatigues ; il fallait transporter le grain chez moi, le séparer de la paille, et le mettre en tas dans l'espèce de cave qui était au fond de la caverne.

Le cœur me battait en approchant de ma première demeure. Hélas! à peine pus-je la reconnaître ; le toit de roseaux était partout enfoncé, les murs de branchages à demi renversés ; il n'y avait plus moyen de s'y mettre à couvert. Le parc avait moins souffert ; les jeunes arbres que j'avais plantés avaient pris racine, et poussé de tous côtés tant de rejetons qu'ils s'entrelaçaient et se soutenaient mutuellement ; d'ailleurs ces arbres, d'une nature flexible, cédaient à l'orage et pliaient plutôt que de rompre. Mon troupeau ne paraissait pas avoir souffert; mais ma chèvre était incommodée de son lait. Ses petits ne tétaient presque plus, et la pauvre bête parut fort soulagée quand je me mis à la traire. Je le fus aussi quand j'eus avalé une bonne tasse de son lait; cette boisson rafraîchissante me remit de mes fatigues.

Après de longues réflexions, je décidai que je ne réparerais point ma cabane pour le moment, et que j'irais habiter ma grotte jusqu'à ce que l'hiver, que je pensais devoir arriver bientôt, fût passé. Je me proposai alors de revenir dans ce lieu et d'y construire une nouvelle maisonnette bien plus solide que la première. Étant pourvu d'outils, cela m'était facile; je pouvais creuser plus avant, et enfoncer mes pieux de manière qu'ils ne fussent pas aisément ébranlés. Je voulus faire de cet endroit plus gai et plus riant une maison de campagne pour y passer l'été. Il fallait, pour cela, transporter une partie de mes instruments, et j'avais déjà dans ma tête le moyen que j'emploierais pour y parvenir. Présentement je n'avais rien de plus pressé que de conduire mon troupeau dans ma grotte, et de me livrer entièrement aux travaux que je devais achever avant la mauvaise saison.

CHAPITRE VI.

La caravane. Le porc-épic. La chaussure. Les récoltes. Le foyer. La tortue. Ah ! la bonne soupe ! Félix pense à l'hiver. Il craint de s'ennuyer. Il se prépare de l'ouvrage. Les habits de peau. Les ficelles. Les paniers. Occupation de l'esprit. Voilà le beau temps. Voyage à la maison des champs pour y conduire le troupeau.

Le troisième jour après mon arrivée, je quittai ce lieu avec ma petite caravane. Je conduisais ma chèvre avec une simple ficelle, les chevreaux la suivaient, et Castor faisait l'arrière-garde ; si les petits s'écartaient, il les ramenait bien vite. Je m'arrêtais de temps en temps dans les endroits où l'herbe était la plus épaisse, pour laisser paître mon troupeau. Dans une de ces haltes, mon chien, qui s'était un peu écarté, se mit à aboyer et à hurler d'une façon extraordinaire, comme s'il était blessé ou effrayé par quelque bête féroce. J'eus d'abord grand'peur, mais je ne pouvais laisser sans secours mon fidèle compagnon. Je ne marchais plus qu'armé d'une petite hache ; je résolus de m'en servir pour défendre mon cher Castor. Je m'avançai doucement en regardant

P 90.

Je fus éveillé par les éclats du tonnerre, j'admirai l'effet des éclairs sur mes brillantes murailles.

Imp. Lemercier Paris

de tous côtés, et je l'aperçus en présence d'un ennemi plus singulier qu'effrayant ; c'était un animal de la grosseur d'un gros chat et couvert de piquets plantés sur son corps comme des tuyaux de plume. Castor avait voulu l'attaquer, comme le prouvait son museau ensanglanté ; tout à coup l'animal s'arrondit et prit la forme d'une boule, en nous présentant ses dards hérissés qui se heurtaient avec bruit. Alors je pris ma hache à deux mains, et je lui en déchargeai un si grand coup que la terre fut tout arrosée de son sang. Il fit un bond terrible qui me fit reculer ; mais je revins sur mes pas et lui donnai tant de coups que je parvins à le tuer. Je dois avouer que je fus tout à fait glorieux de cette victoire, la première que j'eusse remportée de ma vie. J'aurais bien voulu emporter le corps de mon ennemi vaincu ; mais cela était impossible, puisqu'on ne savait par où le prendre ; je me contentai de couper avec ma hache tous les dards de l'animal. Ils étaient si forts et si pointus que, si je parvenais à percer le bout le plus épais, j'en pouvais faire des aiguilles propres à coudre des habits de peau dont je comptais bien me pourvoir. Ceux qui liront cette relation seront sans doute plus instruits que je ne l'étais alors, et reconnaîtront le porc-épic au portrait que je viens d'en faire.

Ce fut là le seul événement remarquable de ce

voyage. J'arrivai heureusement chez moi ; j'établis mon troupeau dans ma nouvelle demeure, et ne voulant ce jour-là rien entreprendre de trop fatigant, j'employai la peau de l'agouti à me garantir les pieds des blessures auxquelles ils étaient exposés depuis que j'étais sans chaussures. Je taillai de mon mieux des semelles, puis des lanières pour les attacher sur le pied et autour de la jambe. Pour les joindre ensemble il me fallait des aiguilles ; voici comment je m'y pris pour m'en procurer. Je fis rougir un clou pointu dans un feu fort ardent ; je saisis ensuite la tête avec mon mouchoir mouillé, et je perçai le côté épais des dards du porc-épic. Cela me réussit parfaitement ; j'eus de fort bonnes aiguilles, et j'attachai solidement les bandes de peau aux semelles, de manière que je pouvais marcher sans me blesser. La soirée fut employée à me pourvoir de vivres pour quelques jours, afin de travailler avec plus d'assiduité. Je me servis de ma marmite pour faire cuire des crabes, des moules et d'autres coquillages, en attendant que la chasse de mon chien me procurât le moyen de faire du bouillon.

La première chose dont je m'occupai fut de construire une porte pour ma grotte. Que de peines et de fatigues elle me coûta ! Je pris d'abord la longueur et la largeur de l'ouverture ; je sciai ensuite le dessus du coffre qui était resté dans son entier dans les mêmes proportions. On devine bien que j'y passai un temps considérable; mais cet ouvrage terminé, je n'en fus pas plus avancé. Il fallait transporter cette porte près de la caverne, et, quoique la distance ne fût pas grande, il me fut impossible d'en venir à bout, puisque je pouvais à peine la remuer. Je supportai encore cette fois la peine de mon peu de prévoyance; il fallut me contenter de fermer ma grotte avec une espèce de claie composée de branches entrelacées. Je réussis mieux au volet; comme il était beaucoup plus petit, je l'achevai en peu de jours et je le portai près de ma fenêtre pour m'en servir seulement la nuit, ou quand le temps serait à la pluie.

Je songeai ensuite à ma récolte de riz et de pommes de terre; ce fut alors que je me félicitai d'avoir de grands et bons sacs. Sans ce secours, comment eussé-je transporté chez moi mes provisions d'hiver? Dans l'espace de quinze jours je recueillis assez de grain et de patates pour la consommation d'un enfant de mon âge. Le tout fut mis à couvert dans l'endroit le plus sec de ma demeure, et je commençai à faire usage du riz au lait, nourriture qui me plaisait infiniment; d'autres fois je le faisais cuire dans l'eau, et je le laissais consommer jusqu'à ce que le riz fût absolument sec; alors je le mangeais en guise de pain avec les œufs ou les coquillages dont je ne manquais pas souvent. Le tout, assaisonné de sel et de jus de citron, faisait un manger très-passable.

Jusqu'alors j'avais toujours fait du feu en plein air. Je songeai que dans les grandes pluies je ne pourrais jamais l'allumer, ou qu'il s'éteindrait bien vite. Je compris la nécessité de me fabriquer un foyer dans l'intérieur de ma grotte. La plus grande difficulté était de donner un passage à la fumée pour n'en pas être étouffé ; je cherchai d'abord des pierres plates que je rangeai les unes sur les autres, en mettant entre elles une couche d'une certaine terre grasse qui me parut propre à les lier; j'en formai deux petits murs qui m'allaient jusqu'à la ceinture. Je posai dessus une planche en travers que j'enduisis aussi de terre grasse pour que le feu n'y prît pas ; j'avais établi ce foyer près de ma fenêtre. J'eus le bonheur de trouver encore un endroit du rocher qui était percé et seulement bouché avec de la terre et des herbes ; je l'en débarrassai et formai un trou où je pouvais passer les deux mains. Je sciai alors quatre planches fort étroites et je les fis entrer dans cette ouverture, les attachant fortement avec de grands clous, ce qui forma comme un tuyau de poêle qui conduisait la fumée en dehors.

On ne peut être plus content que je ne le fus de

cette invention ; je voulus sur-le-champ en faire l'essai, et je mis le pot-au-feu devant mon nouveau foyer. Pendant que mon riz bouillait, il me prit envie d'aller faire un tour au rivage. J'avais vu souvent au bord de la mer d'énormes tortues qui déposaient leurs œufs dans le sable et me préparaient d'excellents repas ; j'aurais bien voulu en prendre quelqu'une, car j'avais appris des matelots que c'était un fort bon manger et qu'on en faisait du bouillon ; je savais aussi qu'il fallait tourner la tortue sur le dos pour l'empêcher de retourner à la mer ; mais toutes celles que j'avais vues jusqu'à ce jour étaient trop grosses et trop lourdes pour que je pusse en venir à bout. Cette fois j'eus le bonheur d'en rencontrer une plus petite et que je pouvais espérer de remuer. J'appelai Castor pour qu'il lui coupât la retraite, et, m'approchant d'elle, je la mis promptement sur le dos. La tortue, ne pouvant ni se sauver ni se défendre, fut alors en mon pouvoir ; je la tuai à coups de hache, et lui ouvris le ventre où je trouvai vingt-deux œufs ; enfin j'en coupai une grande pièce que j'allai mettre dans ma marmite. Je revins à ma proie, et l'ayant entièrement dépecée sans rompre son écaille supérieure, je me mis en possession d'une belle cuve, dont je tirai parti aussitôt. La vue d'un vase si commode me fit naître l'idée de saler la tortue, afin de la conserver. Je me rappelai ce que j'avais vu faire à ma mère quand elle salait un porc, et j'agis de la même manière ; je portai dans ma grotte ma cuve d'écaille et toute la chair de ma bête. J'arrangeai d'abord une couche de sel, puis une autre de viande, et ainsi tant qu'il en put entrer dans la cuve. Je recouvris le tout de sel de l'épaisseur d'un doigt ; je mis des bouts de planches par-dessus, et ensuite de grosses pierres pour presser ma salaison. Cela fait, je retournai à mon dîner ; il était cuit à point et j'eus le plaisir de manger un excellent potage au riz ; la chair de ma tortue me parut aussi fort bonne, et Castor s'en régala ainsi que moi.

Le plus pressé me semblait fait ; j'avais de quoi vivre pendant l'hiver, et une retraite commode pour me garantir des injures du temps. Je pensais à quoi je devais m'occuper. « Depuis que je suis ici, me disais-je, je n'ai pas eu un seul camarade à qui je puisse parler et qui me réponde ; je n'ai ni cerf-volant ni jouet d'aucune espèce : d'où vient donc que les journées passent si vite et que je ne m'ennuie jamais? Oh ! je sais bien pourquoi : c'est que mon esprit et mes mains sont toujours occupés. Mais dans la mauvaise saison, lorsque les pluies m'empêcheront de sortir de ma grotte, à quoi passerai-je mon temps? Je n'ai ni compagnie, ni livres, ni moyens d'écrire ; si je suis désœuvré, je périrai d'ennui. Il n'y a que le travail qui puisse m'en préserver ; je n'ai donc rien de mieux à faire que de m'en préserver d'avance. Je veux faire des paniers et des corbeilles ; j'irai cueillir une grande quantité d'osier et de jeunes branches de saule, que je serrerai dans ma caverne. Oh ! si je pouvais tuer quelques boucs avant l'hiver et préparer leurs peaux, je me ferais un vêtement. Allons, voilà qui est dit, c'est surtout de cela que je dois m'occuper ; si je réussis, les jours sombres et pluvieux se passeront à faire le métier de tailleur ou celui de vannier. »

Ce projet était bien conçu, mais l'exécution en était embarrassante ; je ne voyais d'autre moyen, pour prendre des boucs et des chèvres, que de tendre un grand filet dans le chemin où ils passaient pour aller s'abreuver ; je voulais les guetter, accompagné de mon chien, paraître tout à coup devant eux, les épouvanter par mes cris, auxquels se joindraient les aboiements de Castor, et j'espérais qu'en fuyant quelques-uns donneraient dans mes filets, où je pourrais facilement les tuer. Ce qu'il y avait de malheureux, c'est que ma ficelle était épuisée. J'essayai d'en faire avec plusieurs plantes filandreuses ; ce qui m'y parut le plus propre fut le brou qui entourait les noix de coco ; j'en tirai une espèce de filasse dont je fis des cordelettes, en les tournant avec un morceau de bois auquel j'avais donné la forme d'un fuseau. J'avais souvent vu des pêcheurs travailler à leurs filets ; je me fabriquai une navette, et je réussis à faire un filet grand et fort. Alors je me donnai tout entier à la chasse ; j'y fus si heureux, qu'il ne se passait guère de jour où je ne prisse quelque bouc ou un jeune chevreau. Je tuais les premiers, je les dépouillais et mettais leurs peaux sécher. Quant aux jeunes, je les joignis à mon troupeau, qui se trouva composé, outre la première chèvre, de neuf chevreaux mâles et femelles. Je résolus aussi de faire beaucoup de filets plus ou moins forts, les uns pour prendre du poisson, les autres pour attraper des petits oiseaux. Je dus me savoir bon gré des précautions que j'avais prises contre le désœuvrement ; les pluies cnmmencèrent avec une telle violence, que, pendant plusieurs jours, il me fut impossible de sortir de chez moi. Combien je me trouvai heureux de m'être préparé de l'ouvrage ! J'ai omis de dire que l'exercice et le travail avaient considérablement augmenté mes forces, et que l'habitude de réfléchir à des choses utiles avait étendu mes idées, de manière que, tant au physique qu'au moral, j'étais beaucoup plus avancé que le commun des enfants. La nécessité m'avait rendu industrieux et surtout observateur. Par exemple, ma première pensée, quand le mauvais temps commença, fut que je devais calculer sa durée, pour savoir sur quoi compter les années suivantes. Pour cet effet je pris un grand vase de calebasse, et tous les jours j'y mettais un caillou, me proposant de les compter à la fin de l'hiver.

Je commençai mes travaux par ceux de vannier ; je fis des panniers de toutes formes et de toutes grandeurs. Je dois avouer qu'ils n'étaient pas d'une tournure élégante, mais ils avaient de la solidité, et j'en tirai de grands services par la suite. Je tressai deux grandes et fortes corbeilles, où je serrai mon riz ; il était bien plus proprement qu'entassé dans mon magasin. Dès qu'il y avait un jour sans pluie, j'en profitais pour aller faire de l'herbe, afin que mes bêtes ne manquassent pas de nourriture. Castor sortait aussi ces jours-là et me régalait quelquefois de gibier. Au reste, les patates, le riz, le lait de ma chèvre, fournissaient suffisamment ma cuisine, et si les vivres m'avaient manqué, j'aurais pu tuer un de mes chevreaux. Mais ces animaux, que j'avais apprivoisés, que je nourrissais avec tant de soin et qui faisaient partie de ma famille, m'étaient extrêmement chers ; ce n'eût été qu'à la dernière extrémité que j'eusse pu me décider à leur ôter la vie. Je ne voulais pourtant pas que mon troupeau augmentât, et, pensant bien qu'il se multiplierait au printemps, j'avais pris la résolution de tuer les petits dès qu'ils cesseraient de téter; ce qui aurait le double avantage de me procurer du lait en abondance et des peaux pour me vêtir. La tortue que j'avais salée s'était conservée parfaitement; lorsque je l'eus consommée, je cherchai l'occasion d'en prendre une autre, que j'accommodai de la même manière, ce qui me procura une seconde cuve d'écaille et le moyen d'augmenter mes salaisons.

Lorsque je fus bien fourni de paniers, je plantai de gros clous dans les fentes du rocher; je suspendis aux parois de la grotte des corbeilles remplies de toutes mes provisions; j'y serrai aussi mes clous et la menue ferraille; tout cela rangé dans un si bel ordre, qu'il ne déparait pas ma demeure.

Tout ce qui me contrariait, c'était de n'avoir que très-peu de clarté; le plus souvent la pluie m'obligeait de tenir mon volet fermé; j'étais alors privé de la lumière qui venait de la fenêtre et forcé de travailler près de la porte. Les jours d'ailleurs étaient très-courts; il fallait quitter l'ouvrage de bonne heure; je n'avais alors aucune ressource contre l'ennui. Je tombais dans la mélancolie; toutes mes pensées étaient tristes. Me voyant dans une grande abondance des choses nécessaires à la vie, je n'en regrettais que plus vivement de n'avoir pas un compagnon avec qui je pusse les partager ; le moins aimable de mes anciens camarades eût été pour moi une société précieuse, et son amitié eût fait le bonheur de ma vie. Les caresses de mon chien ne suffisaient pas à mon cœur ; il me fallait un être qui partageât mes peines et mes plaisirs. Ces réflexions me faisaient souvent verser des larmes amères ; elles commençaient avec les ténèbres, et quelquefois je n'allais me coucher qu'après avoir passé quelques heures dans les pleurs.

Un soir que j'étais accablé de ma tristesse, il me vint une pensée bien heureuse, puisqu'elle me rendit le courage et me fit surmonter mon chagrin. Voici ce que je me dis à moi-même : « A quoi me servent mes larmes et l'affliction à laquelle je m'abandonne ? Mes inutiles désirs ne me donneront pas ce qui me manque. Si Dieu a décidé que je dois passer ma vie dans une entière solitude, sa volonté s'accomplira malgré mes plaintes et mes murmures. Je ferais donc bien mieux de m'y soumettre de bonne grâce et de tâcher de me rendre le moins malheureux qu'il me sera possible. L'ennui me tourmente une partie du jour, parce que je suis dans l'obscurité et que je ne puis m'occuper ; mais il y a deux sortes d'occupations, celles du corps et celles de l'esprit. Je n'ai ni livre, ni plume, ni papier pour occuper mon esprit, mais j'ai une mémoire; qui m'empêche de me rappeler tout ce que j'ai appris autrefois, ce que j'ai lu, tant à l'école qu'à la maison? Ne sera-ce pas comme si l'on me racontait des histoires ou comme si je les lisais de nouveau? Je veux aussi me souvenir de tout ce que j'ai pensé et de tout ce que j'ai fait depuis que je suis dans cette île. Qui me dit que je ne trouverai pas quelque chose de propre à me servir de papier? J'écrirai alors mes aventures, et je suis sûr que cela m'amusera beaucoup. » Cette idée m'occupa toute la soirée ; mes larmes se séchèrent, et j'allai me reposer sur mon lit de feuilles, le cœur plus content qu'à l'ordinaire.

Mes lecteurs, si j'en ai, s'étonneront peut-être qu'un enfant qui avait à peine treize ans fût capable de pareils raisonnements ; mais je les prie d'observer que, dans la situation où je me trouvais, toutes les pensées de mon esprit étaient tournées vers les choses utiles ; que, n'étant distrait ni par les jeux de mon âge, ni par le frivole babil d'aucun autre enfant, je conversais sans cesse avec moi-même ; enfin, que les instructions que j'avais reçues de mes bons parents et de mes instituteurs germaient, pour ainsi dire, dans la solitude, comme une semence jetée dans une terre où elle ne trouve aucun obstacle qui l'empêche de se reproduire.

J'avais calculé le temps par les lunes. C'était le 25 avril que j'avais fait naufrage, alors âgé de douze ans et demi. J'avais compté quatre lunes depuis cette époque jusqu'au commencement des pluies ; je jugeai donc être à la fin du mois d'août, et l'on a vu le moyen que je pris pour savoir exactement combien de temps elles dureraient. Je n'ai pas à me reprocher d'en avoir perdu un seul jour. Mes habits étant entièrement usés, je m'en fis avec mes peaux de chèvre. C'était d'abord une espèce de tunique fort large qui me descendait jusqu'aux genoux ; elle était formée de deux pièces unies ensemble par une couture grossière. Je me servis pour cela de mes aiguilles de porc-épic et d'une petite ficelle que je tournai comme je l'ai dit. Je serrais cette robe autour de mes reins avec une lanière de la même peau. Je me fis aussi des guêtres pour garantir mes jambes de la piqûre des insectes, et plusieurs paires de sandales, parce qu'elles s'usaient en peu de temps. Il fallait aussi préserver ma tête des rayons du soleil, dont j'avais souvent été fort incommodé ; je tressai d'abord de l'osier, et lui donnai la forme d'un bonnet pointu, assez semblable à la mitre d'un évêque ; je le couvris de peau, dont je mis le poil en dehors, comme à mes autres vêtements. Si l'on m'avait vu dans cet équipage, on eût pu me prendre pour un petit ourson.

Quoi qu'il en soit, je fus très-content de mon travail et de la certitude qu'il me donnait d'être toujours vêtu. Les jours sombres et pluvieux s'écoulaient dans ces occupations, et les soirées étaient employées comme je l'avais imaginé, pour en bannir l'ennui. J'avais lu et relu la Bible et l'Évangile pendant trois ou quatre ans; l'une et l'autre étaient encore gravés dans ma mémoire; je pris plaisir à me les rappeler suivant l'ordre des événements. J'eus bientôt dans l'esprit une histoire suivie, qui commençait à la création du monde et se terminait à la mort de Jésus-Christ. Combien j'aurais désiré pouvoir l'écrire! Je l'aurais enrichie de petites réflexions qu'un si beau sujet me faisait naître. Après mon histoire sainte, je m'occupai de rédiger mes aventures; c'est à ce soin que je dois de pouvoir rendre un compte exact de tout ce qui m'est arrivé dans mon île. Je ne puis revenir sur le passé sans me sentir pénétré d'une tendre reconnaissance pour le Dieu de bonté qui m'avait sauvé de la mort et comblé de tant de biens, ni me rappeler mes murmures sans en éprouver un vif regret. De ce moment ma confiance en la Providence fut plus entière, mes prières plus ferventes. Je ne me regardais plus comme un malheureux sans appui, mais comme un enfant sous les yeux de son père, prêt, au moindre danger, à se réfugier dans ses bras.

Outre ces idées consolantes, j'avais encore l'espérance que chaque année, en augmentant mes forces, me donnerait le moyen d'améliorer ma situation. Le reste de la saison pluvieuse fut employé à faire une grande quantité de ficelles de différentes grosseurs et à fabriquer un filet pour la pêche.

J'avais de grands sujets d'étonnement de ne point éprouver de froid, de ne voir ni glace, ni neige, mais seulement des pluies presque continuelles, et quelquefois de la grêle. Les arbres, dans cet heureux climat, conservaient toujours leur verdure, ce que je remarquais avec surprise lorsque le temps me permettait de sortir. Enfin les pluies cessèrent, le soleil brilla de tout son éclat, et je pus me flatter que l'hiver était passé. Ce fut pour moi le sujet d'une grande joie. J'allais revoir les charmants bocages de mon île, visiter mes domaines, renouveler mes provisions et varier mes aliments. Je comptai les cailloux que j'avais mis, chaque jour, dans un vase ; il y en avait cent quinze, ce qui formait près de quatre mois ; je conjecturai que c'était à peu près la durée de chaque hiver dans cette partie du monde.

Ayant formé de grands projets de voyage, je voulus m'équiper en conséquence. Je me fis un ceinturon de peau où je pusse porter une hache d'un côté et une petite scie de l'autre. D'une forte branche, dépouillée de ses feuilles, je me fis un bâton que je portais sur mon épaule en guise de fusil, et où je passai un panier qui devait me servir à rapporter au logis ce que je trouverais de bon. Je me chargeai, de plus, d'un sac roulé et attaché sur mon dos. Je pris d'abord le chemin de ma maison des champs, pour y conduire mon troupeau et l'établir dans son parc ; ces pauvres bêtes étaient bien contentes d'être en liberté et de brouter l'herbe fraîche des prairies et les jeunes branches des arbustes ; elles me suivaient gaiement, et Castor, joyeux de faire une course avec son maître, faisait mille bonds, se roulait sur le gazon et m'accablait de caresses.

Je ne vis, à mon arrivée, aucun vestige de ma cabane ; elle avait été entièrement détruite, et ses débris entraînés par les pluies. Le parc, au contraire, était dans le meilleur état ; la haie était si fourrée que je n'y pouvais passer la main, et les jeunes arbres avaient poussé tant de rejetons en tous sens que l'ouverture que j'y avais laissée était bouchée. J'élaguai avec ma hache les branches qui la fermaient et j'y fis entrer mon troupeau. Depuis quelque temps la chèvre n'avait plus de lait ; je ne voyais aucun inconvénient à laisser ces animaux à eux-mêmes. Je crus même pouvoir me dispenser de les approvisionner, et leur laisser la liberté de sortir du parc pour chercher leur nourriture, bien sûr qu'ils y rentreraient toutes les nuits, puisqu'ils y trouvaient de quoi se reposer commodément. Le bon état de ma plantation me donna envie d'en faire une semblable près de ma grotte, et de m'entourer d'un bosquet d'arbres choisis, propres à égayer ma demeure. Je remis l'exécution de ce projet un peu avant l'hiver, pensant que les pluies abondantes lui seraient favorables.

CHAPITRE VII.

Nouveau voyage. Le bananier. Pêche singulière. Le flamant. Félix fait un bon souper. Le bois de palmier. Mais, c'est du vin ! Rien ne manque au dîner. Le perroquet. Moyen de ne pas oublier à parler et à écrire. L'ananas. La claie ; Castor y est attelé. Qu'il est gentil, Coco ! Le jardin.

Je partis le cœur rempli de l'espérance de faire de nouvelles découvertes dans les parties de l'île que je n'avais pas encore visitées ; je pris la côte qui s'étend vers le midi. Comme je ne pouvais marcher sur le rivage à cause de l'amas de rochers coupés à pic en plusieurs endroits, je montai le penchant de la côte pour descendre ensuite au delà ; mais, au sommet, je trouvai les arbres si rapprochés et si embarrassés de lianes qu'il me fut impossible de pénétrer dans la forêt qui s'offrit alors à mes regards. Je marchai quelque temps sur le sommet des rochers, ayant d'un côté des mers immenses et de l'autre cette forêt qui bornait ma vue. Bientôt les arbres devinrent plus rares, la côte s'abaissa, et je pus apercevoir, à près d'une lieue devant moi, le rivage, qui, comme une belle nappe de verdure entremêlée de bouquets de bois, s'étendait au midi, de l'est à l'ouest. Je descendis avec empressement dans cette superbe prairie naturelle, qui m'offrait à chaque pas les ombrages les plus agréables, et où je découvrais de nouvelles productions que je n'avais pas aperçues dans les autres cantons que j'avais parcourus. Mon temps était à moi ; rien ne me rappelait dans ma demeure, où j'avais laissé tout en ordre. Je résolus d'examiner attentivement tous les arbres et toutes les plantes qui m'entouraient, pour en tirer quelque utilité.

Je préviens mes lecteurs que, pour la clarté de mon récit, je désignerai désormais les uns et les autres par leurs noms, que j'ai appris depuis ma sortie de l'île ; je leur en donnais alors d'analogues à ce qu'ils me fournissaient pour mes besoins. J'appelais le karatas à fleurs rouges l'arbre à amadou, parce que sa moelle m'en tenait lieu, et ainsi des autres.

Le bananier attira d'abord mon attention par sa singularité. Je voyais un arbre qui ne paraissait pas avoir de tronc ; c'était comme un rouleau de feuilles couchées les unes sur les autres. Cette grosse tige verdâtre avait à peu près trois fois ma hauteur ; elle était si tendre que j'en abattis une d'un seul coup de hache ; je m'assis pour la considérer à mon aise. Les feuilles du bananier sont d'une grandeur énorme ; il porte des fruits assez semblables aux concombres ; je les trouvai d'un goût aigrelet et très-agréable ; mais je ne sais pourquoi je m'imaginais qu'ils vaudraient encore mieux cuits. L'heure du dîner approchait ; il devait être composé d'œufs d'oiseaux et de patates. Je creusai dans la terre comme un petit four, j'y mis plusieurs de ces fruits et je mis mon feu au-dessus. Cet essai me réussit ; je trouvai les bananes très-bonnes et presque aussi nourrissantes que du pain. Après mon repas, je cherchai l'ombrage le plus épais pour tempérer l'extrême chaleur ; je le trouvai sous des mangles élevés et une multitude de berceaux entrelacés ; ils s'étendaient à l'extrémité du rivage, et allaient former encore au loin dans la mer des arches et des voûtes de verdure des formes les plus variées. Le manglier ou figuier sauvage croît sur les bords de la mer et dans les terrains marécageux ; ce sont des racines qui sortent de terre, s'élèvent, s'étendent de tous côtés, et deviennent quelquefois d'une hauteur démesurée.

Cependant je fus distrait de mes observations par un spectacle tout à fait divertissant ; c'était une partie de pêche qui se faisait à cent pas de moi. Les pêcheurs étaient une troupe de gros oiseaux aux ailes couleur de feu, qu'on nomme flamants ; ils étaient rangés en file le long du rivage, et ressemblaient à un régiment en uniforme rouge et rangé en bataille. Une chose si nouvelle pour moi excitait ma curiosité ; je considérais ces oiseaux sans oser bouger ni faire le moindre bruit, de peur de les effrayer et qu'ils ne s'envolassent ; je remarquai qu'il y en avait quelques-uns qui paraissaient posés en sentinelles pour la sûreté de toute la troupe. Je me cachai dans le feuillage pour n'en être pas aperçu, et je m'amusai longtemps à les voir manger de petits poissons et des coquillages, et fouiller dans la vase avec leur bec pour y trouver des insectes, dont ils sont friands. Malgré le plaisir que j'avais à les regarder, je désirais en tirer un autre profit. Je m'approchai doucement entre les mangles, et quand je fus à portée de la bande, je lançai au milieu une grosse pierre. J'avais visé si juste que j'en fis tomber un grièvement blessé. Les sentinelles poussèrent un cri perçant, et toute la troupe s'envola à tire-d'aile. Je m'emparai de mon flamant ; comme il était aussi grand que moi, je ne pus le porter ; mais je le traînai, au moyen d'une ficelle, à l'ombre des mangliers. Il avait perdu tant de sang par sa blessure, qu'il n'avait pas la force de donner des coups de bec. Je lui coupai la tête et je commençai à le plumer, me proposant de ne le mettre à la broche que le lendemain. Je régalai Castor de ses entrailles, et quand il fut proprement arrangé, je le suspendis aux branches d'un arbre que j'avais choisi pour y passer la nuit.

La fraîcheur du soir m'invitait à me promener au bord de la mer. J'y remarquai beaucoup de petits poissons ; c'était sans doute ce qui attirait les oiseaux pêcheurs. Je fis à la hâte une ligne, je mis au bout quelques boyaux de flamant, et quoique je n'eusse point d'hameçon, je parvins à prendre assez de poissons pour en faire mon souper ; je les grillai sur le charbon et les trouvai excellents. Je terminai, selon ma coutume, cette journée intéressante par la prière ; je remerciai le ciel de ses nouveaux bienfaits, et j'allai goûter le repos au milieu de l'épais feuillage d'un manglier.

Le lendemain matin je tournai mes pas vers un joli bois de palmiers ; mon flamant m'embarrassait, parce qu'il était fort lourd et que j'étais déjà chargé. Je m'avisai de le lier sur le dos de Castor, et, moitié par autorité, moitié par caresses, j'obtins du bon animal de porter ce fardeau, dont je le débarrassai dès que nous eûmes gagné le bois, où je voulais passer la matinée et apprêter mon dîner. Ce fut dans ce lieu que je pus observer les différentes espèces de palmiers, dont chacune m'offrait quelque avantage. Celui que l'on nomme latanier ou palmier-éventail est ainsi appelé parce que ses feuilles sont placées en éventail à l'extrémité des branches ; il est fort élevé, mais sa grosseur ne répond pas à son élévation. J'en abattis facilement un tout jeune, le tronc ayant très-peu de bois. Il contient une grande quantité de moelle, semblable à de la filasse; nouveaux matériaux pour mes cordes et mes ficelles. J'en fis une provision que je mis sécher au soleil pour en remplir mon sac.

Le palmier porte à son sommet un amas de feuilles tendres qu'on nomme chou. C'est un excellent aliment, dont le goût ressemble à celui de l'artichaut.

On en fait si grand cas qu'on abat l'arbre pour se le procurer. Mon ignorance m'empêcha d'en tirer parti pour ma nourriture ; cependant le hasard me fit découvrir que cet arbre fournit une boisson délicieuse. Voulant juger de l'épaisseur de son écorce, je fis une incision au tronc; il en coula aussitôt quelque chose de liquide que je recueillis dans une tasse. C'était un vin doux et tout à fait agréable à boire; il se conserva trois jours fort bon, puis se changea en vinaigre.

Je vis encore le palmier-sagou; avec plus de connaissance j'aurais tiré de sa moelle une pâte succulente. Combien je regrettais mon peu d'instruction, qui me privait des avantages que m'eussent offerts tant de différentes productions si j'avais connu leurs propriétés !

Le superbe cocotier s'élevait au milieu de tous ces arbres ; je ne me lassais point de l'admirer ; il me semblait que lui seul pouvait suffire aux premiers besoins de l'homme. Tout est utile dans cet arbre : les feuilles, séchées et tressées, peuvent couvrir les cabanes ; il fournit une liqueur, comme le palmier, par le moyen des incisions, et son jeune fruit produit un lait délicieux ; dans sa maturité, il donne une amande blanche et ferme comme la noisette, dont elle a un peu le goût. Sa coque fournit des vases, et le brou qui l'entoure peut s'employer, comme je l'avais fait, pour de la ficelle et des cordages.

Le temps s'était écoulé bien promptement en considérant tant de choses merveilleuses ; il fallait préparer le repas splendide auquel ce jour-là rien ne devait manquer, puisque d'excellent vin accompagnerait la bonne chère. Le flamant fut rôti avec soin ; il rendit beaucoup de graisse huileuse, que je recueillis dans une tasse de coco. J'avais encore dans ma grotte celle de tous les animaux que j'avais mangés ; mais l'idée qui me vint en cet instant ne s'était pas encore présentée à mon esprit. Je pensai que cette graisse pourrait être bonne à brûler aussi bien que celle du bœuf ou du mouton. « Que je serais heureux, m'écriai-je, si je pouvais avoir une lampe

P. 114.

Je pris d'abord le chemin de ma maison des champs ; et Castor,
Joyeux de faire une course avec son maître.

pour m'éclairer pendant les tristes soirées d'hiver! Et pourquoi non? j'ai tout ce qu'il me faut pour cela; une coquille de Saint-Jacques sera ma lampe, le fil des bas que j'ai défaits me fournira des mèches, et la graisse de mes rôtis servira d'huile. » Je sautai de joie à cette invention; mais un coup de pied que je donnai dans le vase renversa toute la graisse du flamant, ce qui ne m'affligea guère, puisque j'avais de quoi la remplacer. Je me rappelai la fable de la *Laitière* et du *Pot au lait,* que j'avais apprise par cœur, et le rapport que j'avais avec elle me fit éclater de rire. Ce fut dans cet accès de gaieté que je me mis à table, c'est-à-dire que je m'assis sur un gazon bien frais. Des feuilles de cocotier servaient de nappe; j'y plaçai mon rôti, accompagné d'un côté d'une belle noix de coco, et de l'autre d'une pyramide de pommes de terre; deux tasses de vin de palmier étaient aux deux bouts : ainsi rien ne manquait à la somptuosité du festin. Castor, assis devant moi, attendait avec impatience sa part du gibier. En bon maître, je le servis le premier, et tous deux nous satisfîmes notre appétit.

L'après-dîner je montai sur plusieurs arbres pour y chercher des nids; j'y trouvai des œufs de pigeons et de tourterelles; mais ma plus précieuse découverte fut celle d'un nid de perroquets, dont les petits étaient éclos depuis quelques jours et commençaient à se couvrir de plumes. Je pris celui qui me parut le plus fort, désirant l'élever et me faisant une idée charmante de lui apprendre à parler, et d'entendre encore une fois les accents d'une voix humaine. Je descendis doucement avec mon petit prisonnier ; il était tout tremblottant ; je le rassurai par mes caresses et le réchauffai dans mon sein ; ensuite je lui fis boire du vin de palmier, et le posai dans ma corbeille sur un petit lit de feuilles.

J'avais quelquefois eu la crainte d'oublier le français, n'ayant nulle occasion de le parler ; songeant que, par la suite, il pourrait aborder des hommes dans mon île, je désirais pouvoir m'en faire entendre ; aussi faisais-je toujours mes prières à haute voix. De plus je prenais plaisir à répéter, en me promenant, tout ce que j'avais appris par cœur dans mon enfance. Mais l'espoir de causer avec mon perroquet me flattait bien davantage ; aussi je me fis une affaire de son éducation. Je ne pouvais supporter l'idée d'oublier le peu que je savais, et je me trouvais assez malheureux de ne pouvoir rien apprendre de nouveau. Je ne songeais pas que l'expérience était mon maître ; j'acquérais tous les jours, presque à mon insu, quelque nouvelle connaissance. J'avais une jolie écriture, et j'étais désolé de ne trouver aucun moyen de cultiver ce talent. Enfin j'imaginai d'écrire tous les soirs sur le sable, avec une baguette, quelqu'une de mes pensées. Ces caractères étaient effacés le lendemain, mais je conservais la facilité de les tracer.

Après huit ou dix jours de voyage, qui offrirent de nouveaux objets à ma curiosité et m'enrichirent de plusieurs choses utiles, je me trouvai, sans m'en douter, de retour à mon habitation, où j'arrivai d'un autre côté que celui d'où j'étais parti. La chaîne de rochers offrait, dans cet endroit, l'aspect le plus pittoresque ; ils me représentaient une belle serre de jardinier ; au lieu de pots à fleurs, les petites terrasses, les fentes, les saillies étaient couvertes des plantes les plus rares, dont la variété charmait les yeux, surtout un genre de plantes grasses, aux feuilles épaisses et charnues, la plupart épineuses. Les karatas, les aloès, le superbe cierge épineux y étaient très-multipliés, et la serpentine laissait pendre le long des rocs ses nombreuses tiges entrelacées. Au milieu de ces différentes productions, je découvris un fruit dont le parfum délicieux m'invitait à le goûter ; chaque plante n'en portait qu'un au sommet de sa tige, haute de deux pieds et de la grosseur du pouce ; le fruit avait la forme d'une pomme de pin ; il était jaune en dehors. Rien ne m'avait tant flatté que le goût fin de sa chair blanche qui laisse dans la bouche une fraîcheur délicieuse ; c'était le bel ananas, le plus parfait des fruits du Nouveau Monde. J'étais assez sensuel pour me réjouir de cette trouvaille, mais trop raisonnable pour ne pas lui préférer des choses plus nécessaires dans ma position. En arrivant à ma demeure, où je trouvai le tout dans le plus bel ordre, j'éprouvai le regret de n'avoir pu y transporter mille objets que j'avais rencontrés dans mon voyage et dont je sentais toute l'utilité. J'avais rempli mon sac de la filasse que m'avait fournie le latanier, et je l'avais attaché sur le dos de Castor; pour moi, j'étais chargé d'un faisceau de cannes à sucre, de noix de coco, et de la corbeille où j'avais logé mon cher petit perroquet. C'était là tout ce que je rapportais de ma course, faute de moyens de transport.

Oh! combien j'aurais désiré de pouvoir fabriquer une voiture, n'eût-ce été qu'un tombereau ! Mais l'essieu, et surtout les roues, passaient les bornes de mon industrie, et le métier de charron m'était entièrement inconnu. J'aurais cependant donné de bon cœur mes ananas, mes fraises et même mes cannes à sucre pour la moindre voiture, quand ce n'eût été qu'une brouette. Après avoir bien rêvé, je ne trouvai d'autre expédient que de me faire une claie, sur laquelle je pusse charger les objets que je voulais transporter chez moi. Je sentais que j'aurais beaucoup de peine à la conduire puisqu'elle serait dépourvue de roues; mais je me flattai qu'en y attelant mon chien, et la poussant moi-même par derrière, je parviendrais à la faire marcher. Je ne voulus pas différer à en faire l'essai; je tressai des branches de saule, et j'en formai une claie de quatre pieds environ de longueur et de trois de largeur; je sciai une planche du premier coffre, et j'en fis de petites lattes que je clouai dessous pour lui donner plus de force et de solidité. Dans l'intervalle de mon travail, je commençai à faire usage de mon filet de pêche; je pris plusieurs poissons qui ressemblaient au mulet, et qui, grillés sur le charbon, étaient d'un fort bon goût. Quand ma claie fut achevée, l'occasion de m'en servir se présenta fort à propos; je tuai une assez grosse tortue sur le bord de la mer; je la posai sur la claie, et j'y voulus atteler Castor. Ce ne fut pas sans peine que j'en vins à bout; il fut récalcitrant, et chaque fois que j'essayais de l'attacher, il se débarrassait de ses liens par un mouvement brusque et s'enfuyait bien loin. Je fus obligé de le frapper pour le rendre plus docile, et je le fis à regret; enfin il prit le parti de la soumission; et, travaillant tous deux de concert, nous parvînmes à conduire ma claie jusque dans ma grotte. J'étais charmé de ce succès, mais je souffrais pour mon bon camarade, que les cordes dont il était lié blessaient nécessairement. Pour y remédier, j'imaginai de lui faire, avec des peaux de bouc, quelque chose qui ressemblait au harnais d'un cheval; les traits que je fis pour l'attacher étaient doux, flexibles, et ne pouvaient lui faire aucun mal; aussi s'y accoutuma-t-il assez facilement.

Le temps s'écoulait en courses et en travaux; je m'aperçus avec beaucoup de joie que trois de mes jeunes chèvres étaient pleines; elles commencèrent à me donner du lait dont j'étais privé depuis longtemps. Mon perroquet, que j'avais nommé Coco, croissait à vue d'œil et prononçait déjà quelques mots; je le nourrissais de fruits, de bananes et de vin de palmier; il était si familier qu'il me suivait dans toutes mes promenades, perché sur mon épaule et me baisant de temps en temps. Ma taille et mes forces augmentaient étonnamment; je portais des fardeaux que je pouvais à peine remuer l'année précédente, et j'étais obligé de me baisser pour entrer dans ma grotte, dont l'ouverture était d'abord de ma hauteur. Tout cela m'encourageait à former de nouvelles entreprises. Je résolus de faire un jardin tout près de ma demeure, et de rassembler, pour ainsi dire, sous ma main, les arbres, les plantes et les racines qui m'étaient le plus nécessaires ou le plus agréables. Je fis d'abord un enclos, formé de jeunes arbres que je déracinai et transplantai à une petite distance l'un de l'autre ; c'étaient des citronniers, des acacias, des sureaux et beaucoup d'autres espèces. L'espace que je laissai entre eux était rempli par des plantes rampamtes, qui devaient l'année suivante former une haie impénétrable ; je divisai l'espace qu'elle entourait en divers petits carrés, où je cultivais séparément des pommes de terre, des fraises, du riz, et toutes les autres choses qui pouvaient m'être utiles. Ce travail fut long et pénible; il fallait de grandes courses pour aller chercher des objets éloignés de ma demeure, les y amener au moyen de ma claie, puis semer, planter, arroser, tourner et retourner la terre, ce que je faisais à l'aide d'une grande coquille à laquelle j'avais trouvé le moyen d'adapter un manche de bois. Aussi, malgré mes fatigues et mon assiduité au travail, mon jardin ne fut qu'ébauché avant la saison pluvieuse, qui m'obligea pour la seconde fois de me renfermer dans ma demeure.

CHAPITRE VIII.

Provision pour l'hiver. Départ pour la grande rivière. Palmier-nain. Le miraca ou l'arbre à cire. Prompt retour à la grotte. Félix fait des bougies. Occupations du second hiver. L'arc et les flèches. Remords de Félix. Il pleure en pensant à sa mère. Il prie et il est consolé. Retour du printemps. Progrès du jardin. Félix apprend à tirer de l'arc. Il fait une table et des bancs.

Mes chèvres avaient mis bas ; je me déterminai à élever les petits et à tuer les plus vieux boucs pour avoir leurs peaux et me nourrir de leur chair pendant l'hiver. J'avais perfectionné la manière de saler et de préparer les viandes pour les conserver ; je ne manquais pas de vases d'écaille ; ainsi je pouvais faire de plus fortes provisions et m'assurer de bons potages pour la mauvaise saison. Je prenais une multitude de petits oiseaux avec des lacets ; je les faisais rôtir à moitié, puis je les arrangeais proprement dans une cuve, et je les couvrais de graisse fondue, de sorte que, l'air n'y pouvant pénétrer, ils ne se gâtaient pas ; j'en ai conservé de cette manière pendant près de six mois. Je ne fus pas si heureux dans les essais que je fis pour me procurer de la lumière. La graisse des boucs s'éteignait dans ma lampe, et, de quelque manière que je m'y prisse, je ne pus parvenir à la faire brûler. Cependant la saison pluvieuse approchait ; je ne voyais pas sans beaucoup de chagrin qu'il faudrait passer une grande partie des jours dans une triste obscurité. Cette idée accablante pensa me faire perdre courage, et me laisser écouler dans l'inaction le reste des beaux jours. Je me reprochai bientôt cette faiblesse, et, me soumettant à la loi de la nécessité, je me décidai à faire, avant l'hiver, une excursion sur le bord de la grande rivière, que je n'avais pas visitée cette année.

Je partis un matin, après avoir attelé Castor à la claie, qu'il traînait facilement parce qu'elle n'était que très-peu chargée. Je marchais gravement, armé de toutes pièces, mon perroquet sur mon épaule, et me regardant comme le maître et le souverain de tout ce que je voyais. Mais que j'aurais volontiers troqué mon empire pour la société d'un homme, pour le bonheur de posséder un ami ! Je montai sur une colline, et je découvris une grande plaine fertile, délicieuse, où tout respirait la tranquillité ; elle était tapissée d'une herbe haute et du plus beau vert, coupée çà et là de petits bois de palmiers et d'autres arbres inconnus. La rivière, comme un large ruban d'argent, traversait le vallon, et ses bords étaient garnis de roseaux et d'autres plantes aquatiques. J'y descendis avec empressement, je gagnai le premier bouquet de bois, où je voulais m'arrêter quelque temps. J'y observai une espèce de palmier que je n'avais encore vu nulle part ; il était infiniment moins élevé que les autres, sa tige n'ayant guère que la hauteur d'un homme ; ce qui me le fit nommer *palmier-nain*. Il avait des feuilles épineuses, et son fruit n'était pas plus gros qu'un œuf de pigeon ; je formai le projet d'arracher les plus jeunes et d'en fortifier ma haie.

Un joli bosquet de buissons, qui m'était inconnu, attira mon attention ; toutes les branches étaient chargées de baies[1] d'une qualité rare. J'en voulus cueillir ; elles étaient couvertes de cire qui s'attachait à mes doigts ; cette singularité me frappa et me fit tomber dans la rêverie. « N'y aurait-il pas moyen, me dis-je, de recueillir assez de cire pour en faire des bougies? Si j'emportais chez moi une grande quantité de ces baies, et que je les fisse bouillir dans l'eau, la

[1] L'arbre à cire, ou miraca, croît à la Louisiane et à la Caroline. C'est un joli arbrisseau dont les baies contiennent des noyaux enduits d'une espèce de cire dont les habitants du pays font de très-bonnes bougies.

On appelle *baies* les fruits mous dont la chair renferme les graines, comme le lierre, le laurier, etc.

cire s'élèverait sans doute au-dessus, puisque c'est la propriété de toutes les matières grasses. Si je pouvais une fois la séparer du fruit, j'en ferais aisément des espèces de chandelles, comme on en fait dans mon pays avec du suif. Allons! voilà qui vaut bien la peine de retourner dès aujourd'hui à ma grotte; si je ne réussis pas, je n'aurai du moins aucun reproche à me faire. » Je me mis sans tarder à l'ouvrage. Je passai toute la journée à ramasser des baies, dont je remplis un sac et une grande corbeille, qui furent mis sur la claie. Il était fort tard quand j'achevai mon ouvrage; mais un beau clair de lune favorisait mon retour, et le vent frais du soir diminuait la fatigue pour moi et pour mon compagnon de travail; il traînait courageusement la claie, et je l'aidais de tout mon pouvoir en la poussant par derrière. Le babil de Coco m'amusait en chemin. « Courage, courage, mon petit maître, prononçait-il distinctement; à la maison! à la maison! donnez du vin à Coco. » Puis il sifflait l'air : *Vive Henri IV!* que je m'étais plu à lui apprendre. En arrivant, j'avais grand besoin de mon lit; je m'y jetai après avoir bu une tasse de lait chaud, et dans une grande impatience d'être au lendemain. Aussi le soleil ne me trouva pas dans mon lit. Mon premier soin fut d'allumer du feu. Je mis les baies dans ma marmite; je les fis cuire doucement, et, pendant qu'elles bouillaïent, je préparai des mèches. Lorsque je vis paraître au-dessus de la marmite une belle matière huileuse, d'un vert clair et d'une odeur agréable, je la levai avec une coquille creuse, je la mis dans une cuve d'écaille de tortue, que je posai près du feu pour l'entretenir liquide. Quand j'eus levé toute la graisse, j'eus une assez grande quantité de cire fondue ; je trempai les mèches l'une après l'autre dans la cire, et je les suspendis ensuite à des branches. Lorsque la cire fut prise autour et refroidie, je les trempai de nouveau et je continuai ainsi jusqu'à ce que mes bougies me parussent assez grosses ; après quoi, je les plaçai dans l'endroit le plus frais de ma grotte, pour les durcir parfaitement avant d'en faire usage. Cependant on se doute bien que j'en voulus essayer dès le soir ; j'en fus extrêmement satisfait. Mes bougies donnaient une lumière douce, qui, en se réfléchissant sur les parois brillantes de la grotte, éclairait tout l'intérieur et me permettait de travailler comme en plein jour. Oh ! combien je me trouvai heureux de posséder un si précieux avantage ! Ce nouveau bienfait de la Providence pénétra mon cœur d'une tendre reconnaissance, et ce sentiment se faisait sentir avec force chaque fois que j'allumais une de mes bougies. Je ne plaignis point mes peines ; pour m'en procurer une plus grande quantité, je fis cinq ou six voyages au petit bois de palmiers, et je rapportai tant de baies que j'en tirai près de cent bougies.

Je vis arriver l'hiver sans le moindre chagrin. Il fut employé, comme le premier, à différents ouvrages; je fis de nouveaux vêtements et j'en perfectionnai la façon; j'augmentai ma garde-robe d'un bon manteau, dont je voulais me servir lorsque je serais surpris par un orage, ce qui arrivait assez souvent, Je filai beaucoup de ficelles et de petites cordes; c'était une des choses qui m'étaient le plus nécessaires. Ces travaux terminés, j'entrepris de fabriquer un arc. Mon île produisait un bois élastique très-propre à mon dessein; après beaucoup d'essais infructueux, je parvins, à force de constance, à faire un arc que je pouvais tendre et détendre facilement. Les flèches me coûtèrent encore plus de temps. J'en fis la pointe d'abord avec des arêtes de poisson; mais ce qui me réussit le mieux, ce furent les épines de ces acacias dont j'ai déjà parlé; elles remplirent parfaitement mes vues. Je finis par un étui de peau, destiné à serrer mes flèches en guise de carquois. Je me promis de m'exercer à tirer de l'arc dès que le retour du beau temps me permettrait de sortir. Si les forces de mon corps étaient en activité, celles de mon esprit n'étaient pas oisives; elles s'augmentaient journellement par la réflexion et par l'étude. Ce dernier mot pourra surprendre mes lecteurs ; en effet, que peut-on étudier sans maîtres et sans livres? Mais c'était la nature que j'étudiais; c'est un livre toujours ouvert pour ceux qui veulent y lire. J'examinais soigneusement toutes les productions de mon île ; je cherchais à en tirer quelque utilité ; je les classais dans ma tête avec un ordre qui m'empêchait de les confondre, quoiqu'elles fussent aussi nombreuses que variées. En contemplant les merveilles de la création, mon âme s'élevait vers leur auteur ; j'admirais sa sagesse infinie, sa bonté sans bornes pour les êtres qu'il a formés. Mon esprit et mon cœur en étaient également ravis et touchés.

Quant à mes réflexions, elles étaient souvent bien pénibles ; plus j'avançais en âge, plus ma raison se formait, plus je me reprochais mes torts envers ma mère et l'abandon où je l'avais laissée. J'étais témoin de la tendresse des mères pour leurs petits dans les différentes sortes d'animaux dont j'étais entouré ; elles me rappelaient les soins touchants dont j'avais été l'objet, et que je n'avais payés que d'ingratitude. « O mon Dieu ! m'écriais-je quelquefois dans l'angoisse de ma douleur, si vous avez ordonné que je passe toute ma vie dans cette solitude, je dois m'y soumettre comme à un châtiment que j'ai bien mérité ; mais si, après quelques années de souffrances, vous daignez me pardonner, ah ! ramenez-moi près de ma mère, afin que tous mes instants soient employés à réparer ma conduite passée, à honorer, à chérir, à secourir celle qui m'a donné la vie, qui m'a instruit à vous connaître et à vous aimer. »

Un déluge de pleurs accompagnait cette prière, mais elle faisait renaître l'espérance dans mon cœur affligé.

Les pluies avaient duré une quinzaine de jours de plus que l'année précédente; mais n'étant plus dans les ténèbres, ce temps m'avait paru moins long. Cependant je vis avec grand plaisir le retour des beaux jours. L'effet qu'avaient produit sur ma plantation les quatre mois et demi de l'hiver me causa un grand plaisir. Les arbres avaient considérablement grandi ; les plantes grimpantes en atteignaient le sommet, et le tout lié ensemble défendait aussi bien mon jardin qu'un mur en maçonnerie. Tout ce que j'avais semé ou planté prospérait : le riz était superbe ; les fraises en fleur ressemblaient à des flocons de neige ; les cannes à sucre profitaient à merveille ; tout était riant et animé dans ce joli enclos. Une multitude d'oiseaux, attirés par la fraîcheur du lieu et la nourriture abondante qu'ils y trouvaient, cherchaient sur les arbres des places commodes pour y construire leurs nids. Ces hôtes emplumés dévoraient une partie de mes grains et de mes fruits; mais je prévoyais qu'ils m'en dédommageraient de plus d'une manière. Leurs œufs me fourniraient un de mes mets favoris, et, au moyen de mon arc et et de mes flèches, je comptais en diminuer assez le nombre pour qu'ils ne fissent pas un grand tort à mes récoltes et qu'ils fournissent ma cuisine de rôtis délicats. Avec une pareille ambition, on doit penser que je ne négligeais pas de m'exercer à tirer juste; d'abord je choisissais un but et je n'abandonnais la partie que lorsque je l'avais atteint; lorsque je me trouvai un peu fort, je m'essayai sur les oiseaux, et j'acquis enfin tant d'adresse et un coup d'œil si juste que je manquais bien rarement l'objet que j'avais visé. Je trouvais dans cet exercice non-seulement un surcroît de bonne chère mais un amusement singulier. Je me serais reproché de tuer ces innocentes créatures, si la nécessité ne m'y eût obligé. Si je n'en avais pas détruit une grande partie, ils m'auraient épargné le soin de récolter mon grain et mes fruits, et ne m'auraient pas laissé de quoi vivre pendant l'hiver.

Pourvu des toutes les nécessités de la vie, je songeai à me procurer quelques meubles d'agrément. J'avais employé toutes les planches du coffre ; ainsi je ne pouvais rien faire en bois; je voulais cependant avoir un châlit couvert en peau pour me garantir de l'humidité, une table, une chaise ou un banc pour être assis à mon aise.

Je fis tout cela en ouvrage de vannier, auquel, à force d'exercice, j'étais devenu fort habile. Pour composer mon lit, je plantai en terre quatre pieux, que j'enfonçai bien solidement et qui n'avaient pas plus d'un pied de hauteur ; je clouai dessus une forte claie, tressée avec des branches de saule ; je la couvris de trois ou quatre peaux de bouc, qui me composaient un *lit* très-passable. La table fut faite précisément de la même manière, sinon qu'elle formait un carré, et que le lit était plus long que large. Je ne me vanterai pas d'avoir gardé les proportions dans tous ces ouvrages, mais je n'y cherchais que l'utilité, et mon but se trouva atteint. J'échouai absolument pour la fabrique d'une chaise, et je fus obligé de me contenter d'un banc ; encore, pour le rendre solide, fus-je contraint de le fixer à une place ; ce fut devant ma table que je l'établis ; mais, n'ayant pu le rendre portatif, j'en fis trois autres, que je distribuai dans différents endroits de ma grotte.

CHAPITRE IX.

Grande entreprise. Ambition et imprudence. La forêt ténébreuse. Qu'il est malin, le singe! Combat. Victoire de Félix et de Castor. Orage. Coco a grand'peur. Vent violent. Bruit effrayant. L'arbre à casse. Le vallon et la cascade. Le loxia et sa demeure. Changement de scène. Félix manque de tout. Il ne peut trouver d'issue ni se garantir de la pluie. La caverne de la mort. Les ossements. Il n'a peur de rien. Il enterre les os. Félix dort dans la caverne. Il se remet en marche.

Si mes lecteurs ont observé la manière dont je vivais et mes différents genres d'occupations, ils ont dû remarquer qu'elles étaient beaucoup plus multipliées à l'approche de l'hiver. Il fallait faires mes récoltes, préparer des salaisons, rassembler des matériaux pour travailler, m'approvisionner de bois sec, pourvoir à la subsistance de mon troupeau en amassant une grande quantité d'herbe, la faisant sécher au soleil, et la tournant et retournant jusqu'à ce qu'il en eût pompé toute l'humidité. C'était au commencement de la belle saison que je jouissais d'une plus grande liberté, et c'était aussi le temps que je choisissais pour mes grandes courses. Il faut convenir que j'étais possédé de la manie des voyages ; j'avais à peu près tout ce que je pouvais désirer, mais je n'avais pas le bon sens de m'en contenter ; je voulais toujours découvrir de nouvelles contrées et agrandir mon domaine. Pourquoi faut-il que l'homme, à qui si peu de chose est nécessaire pour satisfaire ses véritables besoins, soit insatiable dans ses désirs, et détruise souvent son bonheur en voulant y ajouter ? Tout enfant que j'étais, je participais à cette folie de l'esprit humain. J'avais déjà parcouru une grande partie des côtes de mon île, mais je m'étais peu enfoncé dans l'intérieur ; j'avais le plus vif désir d'y pénétrer, et j'étais bien persuadé que j'y trouverais des choses dignes de ma curiosité et propres à augmenter mes richesses. Comme c'était seulement un voyage d'observation, je ne voulus point m'embarrasser d'une claie, qui aurait retardé ma marche et qui m'aurait fatigué moi et mon chien. Je chargeai seulement Castor de deux sacs roulés et de mon manteau. Pour moi, je m'armai d'une hache, d'une scie, de mon arc et de mes flèches ; je portais aussi une espèce de gibecière que je m'étais faite depuis peu de temps. N'ayant pas à redouter les voleurs, je laissai ouverte la porte de ma grotte, afin que mes chèvres pussent aller paître dans les champs, bien sûr que le soir elles reviendraient d'elles-mêmes dans leur asile.

Mon jardin fut exactement fermé, afin que ces animaux n'y commissent point de désordre.

Je partis enfin, le cœur plein de joie et d'espérance. Castor, qui partageait mes goûts vagabonds, me précédait gaiement, et Coco babillait à m'en étourdir les oreilles. Après avoir traversé la grande plaine jusqu'à le rivière qui la partageait dans toute sa longueur, je côtoyai le rivage, et je trouvai un endroit où l'eau était si basse, que je passai de l'autre côté, n'en ayant que jusqu'à la ceinture. Je m'avançai dans le pays, orné d'espace en espace de citronniers en fleur qui exhalaient une odeur suave dont l'air était embaumé. A la suite d'un terrain plat et fort étendu, j'aperçus une épaisse forêt, vers laquelle je me dirigeai; les arbres nouveaux avaient un grand attrait pour moi, ayant souvent éprouvé combien on en peut tirer de choses utiles. J'y arrivai au moment où la grande chaleur me faisait désirer un ombrage salutaire. J'y fis un repas de pommes de terre et de quelques oiseaux rôtis que j'avais emportés, et après avoir pris quelques heures de repos, je m'enfonçai dans la forêt. J'étais fort altéré, n'ayant point trouvé d'eau depuis que je m'étais éloigné de la rivière. Je vis un massif de cocotiers, et je me disposais à grimper sur un de ces arbres et à cueillir quelques cocos pour en boire le lait; mais je fus aussi surpris qu'effrayé de voir tomber une grande quantité de ces fruits, qui paraissaient lancés du haut de l'arbre et dirigés contre moi. J'eus bien de la peine à m'en garantir, ainsi que Castor, qui se mit à aboyer de toutes ses forces. Je cherchais vainement à découvrir l'ennemi caché qui m'attaquait si soudainement; je voyais le feuillage agité, mais son épaisseur m'empêchait de rien découvrir. Enfin j'aperçus un singe qui sautait d'un arbre à l'autre, puis il descendit le long du tronc et s'accroupit au pied, en me regardant et faisant de laides grimaces. Castor, voyant la méchante bête à sa portée, sauta sur elle et l'étrangla en un clin d'œil. Aussitôt une douzaine de ces animaux descendirent des cocotiers en poussant des cris aigus, et vinrent à nous d'un air menaçant; j'animai mon compagnon à les attaquer, et, pour le seconder, je bandai mon arc, et je tirai si juste que j'en blessai un. Voyant ensuite qu'ils environnaient mon chien et qu'il avait bien de la peine à s'en défendre, je tombai sur eux à coups de hache, et j'en tuai quelques-uns. Les autres, épouvantés, prirent la fuite en redoublant leurs cris, et nous restâmes maîtres du champ de bataille et des armes des vaincus, c'est-à-dire d'une vingtaine de noix de coco qu'ils nous avaient lancées.

La rencontre de ces singes me surprit d'autant

plus que, depuis deux ans que j'habitais cette île, je n'y avais vu que des chèvres et quelques agoutis. Je pensai que la forêt pouvait servir de retraite à d'autres animaux plus dangereux; pour les éloigner, je fis un grand feu à l'approche de la nuit. Après avoir soupé avec des noix de coco, je montai sur un chêne et m'y arrangeai pour prendre du repos. Je posai mon perroquet sur une des branches, et je m'endormis profondément. Je fus réveillé par le bruit du tonnerre et par les éclairs qui sillonnaient les nues. Tout annonçait un violent orage : s'il tombait une pluie abondante, je n'avais pour m'en préserver que le feuillage d'un arbre qui serait bientôt percé. Je m'enveloppai de mon mieux dans mon manteau ; je mis Coco dans mon sein, où il s'agitait étrangement, tout épouvanté de la tempête. J'attendis dans cette situation l'inondation que je prévoyais ; mais un vent impétueux s'éleva tout à coup et chassa au loin les nuages. Je ne savais si je devais m'en réjouir ; tous les arbres de la forêt étaient ébranlés, et celui qui me servait d'asile éprouvait de terribles secousses. A ce sujet de frayeur se joignait un bruit affreux, continuel, et si étrange que je n'en pouvais démêler la cause ; il redoublait à chaque coup de vent, et je pense que l'homme le plus hardi n'eût pu l'entendre sans émotion. Mon perroquet criait et se débattait sur ma poitrine ; Castor, au pied de l'arbre, poussait des hurlements, et leur maître, cramponné aux plus fortes branches, attendait en tremblant ce que le ciel ordonnerait de son sort. Combien cette nuit me parut longue, surtout à cause de ce bruit insupportable qui m'assourdissait et me pénétrait de crainte ! Enfin le jour parut. Dès que je pus distinguer les objets, je jetai la vue de tous les côtés; je vis à quelque distance de moi un groupe d'arbres qui ressemblaient à des noyers; leur sommet était couvert de longs étuis d'un brun foncé et d'un bois si dur que, s'entre-choquant par la force du vent, ils produisaient le vacarme qui m'avait effrayé. Naturellement hardi, j'eus honte de la peur que j'avais éprouvée, et je demeurai convaincu que les choses qui nous épouvantent quand nous en ignorons la cause n'ont le plus souvent rien de dangereux. Je fus curieux d'examiner de plus près ces fruits si bruyants. Le vent commençait à se calmer; je grimpai sur un de ces arbres, et j'en détachai quelques-uns de ces étuis. Je reconnus aussitôt que c'était de la casse, et je me rappelai en avoir souvent mangé dans ma première enfance. La gousse, fort allongée et dure comme du fer, est divisée en petites cellules qui renferment une espèce de confiture noire et une amande qui est la graine de l'arbre. Je me promis bien de n'avoir désormais pas plus peur du bruit que de l'obscurité, l'un et l'autre n'étant point à craindre par eux-mêmes.

Mes deux compagnons de voyage se dédommageaient des fatigues de la nuit, l'un en dévorant le corps d'un des singes que nous avions tués, l'autre en grignotant l'amande d'un coco. Quant à moi, je ne désirais rien tant que de trouver de l'eau. Je marchai plus de deux heures sans en rencontrer ; mais le terrain, s'abaissant tout à coup, fit renaître mes espérances. Je descendis dans un charmant vallon, d'une verdure si fraîche qu'elle annonçait le voisinage de quelque source. Bientôt le bruit le plus flatteur vint frapper mon oreille ; c'était celui d'une cascade qui tombait d'un rocher de plus de quinze pieds d'élévation dans un bassin formé par la nature, et se divisait en filets d'eau imperceptibles.

Après avoir étanché ma soif, je songeai à renouveler mes provisions. Je tuai plusieurs oiseaux ; ils étaient si nombreux dans cet endroit que ma chasse fut très-bonne. Je trouvai aussi beaucoup de bananes. Je fis cuire mon dîner, et le mangeai sur le bord du bassin, dont le site était le plus enchanteur que j'aie vu de ma vie. La forêt s'y éclaircissait, mais elle l'environnait de toutes parts, et ce magnifique salon de verdure semblait un séjour séparé du reste du monde par d'épaisses murailles de bois, que le moindre rayon du soleil ne pouvait pénétrer. Aussi, malgré l'agrément du lieu, je ne pus me défendre de quelque inquiétude sur la difficulté de sortir de cette forêt dont je ne pouvais entrevoir les limites. Cependant trop de prévoyance n'est pas le défaut des enfants ; aussi cette idée fut bientôt chassée par une autre ; et, la grande chaleur passée, je continuai gaiement mon voyage. Je marchai pendant quatre jours sans rencontrer d'objets nouveaux dignes de mon attention ; mais le cinquième, je me trouvai sous des arbres d'une prodigieuse élévation et qui m'étaient totalement inconnus. Il en coulait une grande quantité de gomme ; je m'avisai d'y goûter, et je la trouvai d'un goût délicieux. Ma vue se porta sur le sommet d'un de ces arbres ; je fus saisi d'étonnement en apercevant une espèce de chaumière couverte d'un toit, et qui paraissait très-spacieuse. Était-ce l'ouvrage des hommes? Était-elle habitée? Devais-je hasarder d'y monter? Après m'être fait toutes ces questions, je restai indécis, ne pouvant deviner quelle sorte de créature avait choisi une semblable habitation. La curiosité l'emporta sur la crainte vague qui me retenait, mais le tronc de l'arbre était si gros et si glissant que je retombai plusieurs fois à terre. Je me débarrassai de tout ce qui pouvait me gêner et ne conservai que ma hache pour me défendre en cas d'attaque ; enfin, avec des peines incroyables, je parvins au faîte de l'arbre. L'édifice aérien était abandonné et en partie détruit par le temps ; de grands trous au toit me permettaient de voir tout l'intérieur ; c'était une suite de nids alignés à deux pouces l'un de l'autre sur deux rangs ; il y avait plusieurs entrées dont chacune formait une rue. Ces bâtiments étaient composés d'herbes artistement arrangées, et le toit couvrait tellement le tout qu'aucun animal n'y pouvait pénétrer. Quelques coquilles d'œufs cassés me prouvèrent que c'était là l'ouvrage d'une espèce d'oiseaux vivant en société comme les abeilles. Pour donner à mes lecteurs la facilité de consulter les dictionnaires d'histoire naturelle sur ce singulier phénomène, je leur dirai ce que j'ai appris depuis : que l'arbre où j'étais monté est le mimosa, et que l'oiseau qui construit ces nids si curieux se nomme le loxia. Ce spectacle extraordinaire me fit faire de tristes réflexions. « Heureux oiseaux ! m'écriai-je, combien j'ai sujet d'envier votre sort ! Vous vivez et vous mourez au milieu de votre famille, entourés d'êtres de votre espèce ; avec leurs secours, vous exécutez les travaux les plus difficiles ; et moi, seul dans un désert, abandonné à mes propres forces, sans parents, sans amis, je vivrai dans une triste solitude, et je mourrai sans laisser de regrets. Mais, ajoutai-je, qui a pu détruire votre asile, douces et paisibles créatures ? Vous gémissez sans doute dispersées, ou vous avez péri victimes de vos ennemis ! Ah ! que ne puis-je vous rassembler dans votre tranquille demeure, et vous rendre le bonheur dont, hélas ! je suis privé ! »

Je descendis, livré à la plus sombre mélancolie ; les caresses de Castor et celles de mon perroquet y firent quelque diversion. « D'où viens-tu, Félix ? me répétait celui-ci ; donne du vin à Coco, baise Coco. »

Je commençais à m'ennuyer d'errer dans cette forêt, et à désirer de revoir la mer et de retrouver mon habitation ; mais plus j'avançais, plus je rencontrais d'obstacles ; l'aspect était tout à fait changé et ne m'offrait plus rien d'agréable. Au lieu de ces beaux arbres chargés de fruits qui me fournissaient la nourriture et le rafraîchissement, je ne voyais que des sapins ou d'autres arbres stériles. Ils étaient très-rapprochés et entourés d'une si grande quantité de ronces, de lianes et de toutes sortes de plantes épineuses, que ce n'était qu'à coups de hache que je pouvais m'ouvrir un chemin. Les vivres me manquaient souvent ; les oiseaux fréquentaient peu ces lieux arides, où je marchais quelquefois un jour entier sans trouver un filet d'eau. Plus de citrons, de noix de coco, de glands doux ; des racines dures et amères, que je mangeais quand j'étais pressé de la faim, et qui me causaient des coliques et quelquefois des vomissements.

Le désir et l'espoir de trouver une issue et de sortir d'un lieu qui me semblait une vaste prison soutenaient mon courage. Cependant ma situation devenait de jour en jour plus pénible ; j'étais parvenu à un endroit si fourré, qu'il eût fallu des compagnies de sapeurs pour y faire un passage. Ma hache, tout émoussée, ne me rendait que peu de services, mes jambes étaient ensanglantées par les épines, et mes sandales, usées à force de marcher, ne préservaient plus mes pieds des blessures.

Tant de circonstances cruelles abattirent mes forces ; je me laissai tomber sur la terre, et je versai un torrent de larmes. Combien je déplorais mon imprudence de m'être si fort éloigné de ma demeure, d'avoir perdu de vue les côtes de la mer et de m'être engagé dans cette forêt ténébreuse ! combien je regrettais ma riante et commode habitation ! Au milieu de mes pleurs et de mes sanglots, j'élevai mes mains vers le ciel ; je priai Dieu avec ardeur de finir mes souffrances par une prompte mort, ou de me donner les moyens de sortir de ce funeste lieu. Mes vœux furent sans doute entendus de celui qui n'abandonne jamais ses créatures ; j'eus dans l'instant même une preuve de sa protection. Castor, qui rôdait partout, dévoré par la faim, traîna à mes pieds un animal qui m'était inconnu, et dont il avait déjà mangé la tête ; je le lui arrachai et le dépouillai en un moment ; des branches sèches et résineuses s'allumèrent encore trop lentement au gré de mon impatience ; l'animal fut grillé, et j'en mangeai une partie avant qu'il fût tout à fait cuit. Un peu restauré par cette nourriture, j'en rendis grâce à Dieu et je réfléchis plus tranquillement sur ma situation. Voyant qu'il était impossible de pénétrer plus avant, je songeai à retourner sur mes pas ; mais l'entreprise était bien difficile ; les routes, croisées et recroisées, ne pouvaient se reconnaître ; je parcourais toujours des endroits nouveaux et ne retrouvais point ceux où j'avais déjà passé. En vain je cherchais la cascade et le vallon charmant qui m'avait paru si agréable, je n'en voyais nulle trace ; tous mes efforts ne servaient qu'à m'égarer de plus en plus. Pour comble de malheur, le temps se mit à l'orage ; la pluie tombait par torrents, la grêle lui succédait, et je n'avais pour me garantir que des arbres dont le feuillage, bientôt imprégné d'eau, la versait sur moi avec encore plus d'abondance. Dans cette extrémité j'allais m'abandonner au découragement, lorsque les aboiements de Castor m'attirèrent près d'un rocher où je découvris une ouverture fort basse. Dans la position où j'étais, rien ne pouvait m'effrayer ; je m'y glissai avec peine, et je vis une profonde caverne où quelques rayons du jour pénétraient par en haut. Après avoir marché quelque temps, je trouvai une chambre assez grande ; il y avait au milieu une espèce de bière ouverte, faite avec des bâtons qui se croisaient, et soutenue par des appuis d'environ la hauteur d'un homme. Je grimpai sur l'un d'eux pour examiner la bière ; elle était remplie d'ossements humains presque réduits en poussière ; deux têtes seulement étaient encore entières. Au pied des débris étaient un arc et des flèches, un sabre d'un bois extrêmement dur, et plusieurs calebasses vides. Je demeurai immobile d'étonnement ; je ne pouvais deviner comment ces restes de corps humains se trouvaient dans cet endroit. Après y avoir pensé, je me persuadai qu'autrefois l'île où j'étais avait été habitée ; que les insulaires avaient choisi cette caverne pour la sépulture de leurs morts, peut-être de leurs rois ou de leurs chefs, mais que quelque événement les avait détruits ou forcés de quitter l'île, et cela depuis un grand nombre d'années. Ce lieu, tout affreux qu'il était, me parut un asile que je devais à la bonté du Tout-Puissant ; dans ma situation, c'était un bonheur d'avoir un abri contre les injures du temps. J'avais souvent entendu mes parents parler du respect que l'on doit aux morts ; la nécessité m'obligeait de m'emparer de la demeure de ceux-ci ; je voulus auparavant leur en préparer une autre. Je n'étais pas assez stupide pour craindre les morts ; il ne m'en coûta nullement de transporter ces ossements dans une fosse que je creusai à quelque distance ; je les enveloppai dans mon manteau de peau de bouc, et je les recouvris de terre. Revenu dans la caverne, je m'occupai d'abord à la nettoyer, j'y fis du feu pour purifier l'air. L'arc que j'avais trouvé sur le tombeau était plus fort et mieux fait que le mien ; le sabre était aussi tranchant que si la lame eût été d'acier, mais l'un et l'autre étaient trop pesants pour que je pusse en faire usage ; je résolus de les garder jusqu'au moment où l'accroissement de mes forces me permettrait de m'en servir.

La nuit suivante j'eus le plaisir de dormir étendu sur un bon lit de mousse ; il y avait à peu près trois mois que ma vie errante me privait de cet avantage ; cependant je dormis peu, mon esprit était trop agité. « Suis-je destiné, me disais-je, à rester enfermé dans ce lieu sauvage ? Si l'hiver m'y surprend, je dois m'attendre à périr de misère. Puisque, dans cette saison, je trouve à peine de quoi me nourrir, que sera-ce quand les pluies m'empêcheront de sortir ? Je ne dois donc pas me rebuter ; il faut que je sorte de cette forêt et que je retrouve mon habitation. Ni peines ni fatigues ne doivent m'arrêter, puisqu'il s'agit de ma vie. »

Dès que le jour parut, je songeai à ce qui pouvait faciliter ma marche. J'employai la peau de l'animal que Castor avait tué à me faire une nouvelle chaussure; je la mis en double pour qu'elle résistât plus longtemps. Je liai sur le dos de mon chien le sabre, l'arc et les flèches des sauvages, et je partis, déterminé à vaincre tous les obstacles pour retrouver ma demeure.

CHAPITRE X.

Félix a bien raisonné. Il remonte le ruisseau. Espérance. Il en sortira. Joie et reconnaissance. La montagne. Vue délicieuse. Arrivée. État du troupeau. Oh ! qu'il fait bon chez soi ! Provisions d'hiver. Félix se fait des habits neufs. Tristes réflexions. Comparaison consolante. Augmentation de la taille et des forces de Félix. Travaux considérables. Départ pour visiter les côtes. Spectacle épouvantable. Consternation. Curiosité. Grande surprise. Transport de joie. Ils sont deux. Retour à la grotte. La nourrice. Réflexions joyeuses. Castor fait connaissance avec le nouveau venu.

J'abandonnai sans regret la caverne de la mort ; elle était si triste et si sombre ! elle ne m'offrait d'autre avantage que d'être garanti d'une inondation. Tous mes désirs se tournaient vers ma chère grotte, mon jardin et mon troupeau. Depuis que je m'étais égaré, je n'avais guère pu calculer le temps ; mais je pensais, avec raison, qu'il ne m'en restait pas trop pour faire mes récoltes et mes provisions d'hiver. Tout en réfléchissant, j'avançai avec courage, coupant et tranchant tout ce qui s'opposait à ma marche. Le murmure d'un ruisseau me donna quelque espérance ; je l'entendais sans le voir ; je le découvris enfin, et la route, le long de ses bords, me parut moins difficile.

Voici le raisonnement que je fis : « Ce ruisseau prend sa source dans quelque montagne ; je n'ai qu'à le remonter, j'y arriverai nécessairement. Si elle est dans la forêt même, je monterai jusqu'au sommet et sur le faîte des plus grands arbres qui s'y trouveront ; de là je découvrirai les lieux environnants et le chemin que je dois prendre. Il est même possible que ce ruisseau me conduise hors de la forêt. O mon Dieu ! dirigez mes pas ; n'abandonnez pas votre enfant dans une si grande extrémité ! »

Il fallait de la constance pour suivre ce projet ; je marchai quatre jours sans que rien justifiât mon espoir, vivant de quelques racines, ou plutôt mourant de faim. Mon pauvre Castor était, ainsi que moi, exténué de besoin, et je me vis près de perdre mon perroquet ; heureusement qu'il se trouva sur des buissons un petit fruit noir, assez ressemblant au cassis, dont il se régala, quoique son âcreté ne me permît pas d'en manger.

Le cinquième jour la forêt s'éclaircit ; les arbres, moins serrés, me permirent de voir assez loin devant moi ; j'en retrouvai de quelques espèces que je connaissais. Bientôt je revis des chênes, et les glands doux me fournirent un repas supportable.

Enfin mon bienfaisant ruisseau me conduisit sur la lisière de la forêt, et, en portant mes regards de

P. 148

Je bandai mon arc et je tirai si juste que j'en blessai un.

tous côtés, j'aperçus, avec autant de surprise que de ravissement, la même montagne que j'avais déjà gravie et que je reconnus parfaitement. Je me jetai à genoux pour remercier Dieu de ma délivrance; un homme renfermé dans le fond d'un cachot où il attend l'arrêt de sa mort n'est pas plus transporté quand on lui annonce qu'il est libre, que je ne le fus dans cet heureux instant. J'oubliai toutes mes peines passées, et je ne sentis que le bonheur présent.

La montagne se présentait de ce côté sous un aspect différent : une espèce de sentier offrait beaucoup de facilité pour y monter, mais la fatigue m'obligea d'attendre au lendemain. Quelques patates que j'eus le bonheur de trouver réparèrent un peu mes forces, et je passai la nuit sur un arbre au pied de la montagne.

Le jour suivant, le soleil n'était pas au milieu de sa course quand j'atteignis le sommet désiré. Avec quel transport je découvris tous les lieux que j'avais parcourus tant de fois, surtout le chemin de ma demeure chérie! J'observai de quel côté je devais descendre pour le retrouver plus vite. Mes sentiments étaient bien différents de ceux que j'avais éprouvés sur cette même montagne peu de temps après mon naufrage : c'était là que j'avais acquis la certitude que j'étais le seul être de mon espèce qui habitât cette île; c'était là que j'avais versé tant de larmes amères sur ce triste abandon. Maintenant, accoutumé à la solitude et résigné à mon sort, je ne sentais que la joie d'être libre et de rentrer dans la possession de toutes mes richesses.

Après quelques heures de repos, je descendis dans le vallon et je pris la route de mon habitation; elle m'offrait à chaque pas tous les soulagements que je pouvais désirer, mais l'envie d'arriver ne me permettait guère d'en user. Je suçais un citron, ou je mangeais, sans m'arrêter, quelques bananes ; je passai sous des cocotiers sans être tenté d'y monter pour en cueillir le fruit. Malgré mon impatience, la nuit me surprit à une assez grande distance de ma demeure, et je fus encore obligé de la passer à la belle étoile.

Enfin je touche au terme de mon voyage. J'aperçois les arbres de mon enclos; des larmes de joie roulent dans mes yeux. Avant d'entrer dans ma grotte, je me prosterne et je baise la terre que j'étais si heureux de revoir ; j'entends les bêlements de mes chèvres, je cours à elles ; je caresse ces chers animaux, dont je promets bien de ne plus m'éloigner. Mon troupeau était augmenté de quatre chevreaux que les mères nourrissaient, ce qui me promettait du lait en abondance et me donnait le moyen de tuer de vieilles bêtes pour la provision de l'hiver. J'avais aussi un grand besoin d'aliments sains et restaurants ; j'étais d'une maigreur excessive et mes forces étaient épuisées. Je dónnai le reste de la journée au repos ; je ne pris d'autre soin que de traire mes chèvres ; un bon plat de riz au lait me parut le mets le plus délicieux, après le jeûne forcé que je venais de faire.

Ah ! qu'il fait bon chez soi ! La plus misérable retraite a toujours quelque charme pour son possesseur ; la mienne était mon ouvrage ; je devais à mon travail, à mon industrie, les commodités qui s'y trouvaient ; aussi m'était-elle doublement chère. Je compterai toujours pour un de mes plus heureux jours celui où je m'y trouvai après avoir craint de ne jamais la revoir.

Je me voyais surchargé d'occupations si je voulais me préparer des ressources pour la saison pluvieuse. Je crus que je devais commencer par réparer mes forces. Je tuai successivement trois boucs et deux chèvres qui me fournirent de bon bouillon, et je m'occupai de les saler. Mon camarade qui, comme le chien de La Fontaine, n'avait que les os et la peau, se refit bientôt par cette nourriture solide, et les traces de nos fatigues s'effacèrent peu à peu. Je n'avais que très-peu de riz à recueillir, les oiseaux s'en étaient donné à cœur joie pendant mon absence ; personne n'était là pour arrêter leur brigandage. J'en tuai quelques-uns qui s'étaient si fort engraissés à mes dépens que ce fut un manger délicieux. Ma récolte de pommes de terre fut très-bonne et me dédommagea de la privation du riz.

Après avoir pourvu à ma nourriture, je songeai à me procurer des bougies. J'allai recueillir des baies de miraca, et, après quelques jours de travail, je fus assuré de ne pas manquer de lumière. Je préparai aussi mes peaux de bouc, avec l'intention de me faire de nouveaux habits ; mes courses dans la forêt avaient usé les miens ; j'avais aussi en tête d'en perfectionner la façon, et j'y réussis si bien que lorsqu'ils furent achevés, je ne daignai plus regarder les premiers, et je fus tout glorieux de ma nouvelle parure.

L'hiver se passa comme les précédents ; seulement mes réflexions furent plus sérieuses ; j'avais près de seize ans et je commençais à m'occuper de mon avenir. Je songeai, pour la première fois, que le même événement qui m'avait jeté sur cette côte déserte pouvait y amener un autre vaisseau et qu'il était possible que je retournasse un jour parmi les hommes. Mes yeux se mouillèrent de larmes à cette douce idée ; rejoindre ma mère était mon premier désir ; vivre dans la société de mes semblables était le second. Oh ! si la Providence m'accordait cette faveur, combien j'étais résolu de m'en rendre digne ! Aimer, secourir mes frères, serait l'emploi de toute ma vie. Mon imagination errait longtemps sur cet objet; mais le peu d'apparence que mon sort pût changer venait s'offrir à mon esprit et m'accablait de tristesse. Un jour, je m'écriai : « Ah! que je suis malheureux ! » Dans cet instant je me rappelle la forêt ténébreuse; je me représente quelle eût été ma situation si j'avais passé la mauvaise saison, n'ayant pour abri qu'une affreuse caverne, privé de lumière, et mourant sans doute dans les horreurs de la faim. Je jette ensuite les yeux autour de moi; je considère ma demeure spacieuse, commode et pourvue de tout ce qui m'était nécessaire; mon chien, couché à mes pieds, me flatte et me caresse; mon perroquet, placé sur ma table, m'amuse par son babil; le bêlement de mes chèvres m'avertit qu'il est temps de les débarrasser du poids incommode de leur lait et qu'elles vont me donner le plus doux des aliments. Je sens alors bien vivement ce que je dois au Dieu de bonté qui m'a procuré tous ces avantages; je lui en rends grâce du fond du cœur, et je m'abandonne entièrement à sa volonté.

Pour éviter le retour de ces accès de tristesse, que je me reprochais comme une injure envers Dieu, je pris la résolution de détourner mes pensées de moi-même et de chercher encore dans mes souvenirs de quoi occuper mon esprit, qui ne pouvait rester oisif;

j'y réussis assez bien pour retrouver toute ma gaieté ; une certaine satisfaction intérieure fut le prix de cet effort.

Voilà le troisième hiver passé dans ma grotte qui vient de finir ; la chaleur du soleil ranime toute la nature ; les arbres sont couverts de fleurs ; les oiseaux célèbrent le retour du beau temps, et les solitaires habitants de la caverne vont jouir des biens qu'il leur promet. Dès mes premières sorties, j'eus lieu de me convaincre de l'étonnante augmentation de mes forces. L'arc et le sabre que j'avais trouvés dans la sépulture des sauvages n'étaient plus trop pesants pour mes robustes bras ; je tendis le premier, et la flèche que je fis voler se perdit dans les nues. Ma taille était haute, mes membres nerveux, et peu d'hommes à dix-huit ans sont formés comme je l'étais à seize. En côtoyant le rivage de la mer, je trouvai une tortue ; au lieu de la dépecer dans l'endroit même, comme c'était mon habitude, je la chargeai sur mes épaules et la portai dans ma grotte.

Je n'étais pas d'humeur à négliger ce nouvel avantage ; ces forces que je devais au travail et à l'activité me donnaient les moyens d'entreprendre des ouvrages plus difficiles. Je pouvais me servir des outils que trois ans auparavant je ne pouvais seulement pas remuer. Je commençai par agrandir ma caverne, où je me trouvais à l'étroit; je l'augmentai d'une espèce de magasin pour serrer mes provisions, et l'endroit jusqu'alors destiné à cet usage fut transformé en une salle fort grande où je pratiquai deux fenêtres, de manière que ce fut le mieux éclairé de mes appartements.

J'étendis aussi mon enclos ; je rassemblai dans mon jardin toutes les plantes utiles, éparses dans les différents cantons de l'île ; l'expérience m'avait appris à les améliorer par la culture. Les fruits acquirent un goût plus fin et les racines devinrent plus savoureuses.

Ces travaux achevés, je m'occupai de nouvelles excursions; mais je me promis bien de ne jamais perdre de vue les côtes de la mer et de ne visiter dans l'intérieur que les lieux qui m'étaient familiers. La curiosité de voir des objets nouveaux cédait à la prudence et au terrible souvenir de la forêt ténébreuse.

J'étais parti de grand matin et je côtoyais le rivage en marchant vers le nord, lorsque le spectacle le plus inattendu me fit arrêter tout court et me causa une extrême agitation. Plusieurs canots passèrent, sous mes yeux, assez près de la terre; ils étaient fort petits, et montés chacun par deux ou trois hommes couleur de bronze et presque nus; ils donnaient de grandes marques de frayeur et faisaient force de rames pour s'éloigner, comme s'ils étaient poursuivis. La crainte d'en être aperçu me fit cacher derrière un buisson. Cette précaution était peu nécessaire ; les pauvres gens ne songeaient qu'à échapper au péril qui les menaçait. Les premiers canots éloignés, je fus quelques minutes sans rien voir ; enfin j'en aperçus encore trois. Les deux premiers volaient sur les ondes ; le troisième, conduit sans doute par de plus faibles bras, était de beaucoup en arrière. J'aperçus alors deux énormes poissons, ou plutôt deux monstres, qui poursuivaient ces malheureux ; ils atteignent le dernier canot, où il n'y avait que deux personnes, le renversent, et, saisissant leur proie, ils disparaissent avec elle.

Saisi d'horreur et de pitié, je restai immobile ; une sueur froide coulait de mon front, tous mes membres étaient agités de mouvements convulsifs, et je tombai contre terre dans un état impossible à décrire.

Lorsque j'eus repris mes sens, je me levai et m'avançai sur le bord de la mer ; je vis le canot renversé, flottant au gré des vagues. Mais un autre objet fixa bientôt mes regards ; la marée montante le portait sur la rive, et, sans savoir ce que ce pouvait être, je sentis le plus vif désir de m'en instruire. Il avançait insensiblement. Mon cœur, qui battait avec force, semblait m'annoncer quelque heureux événement.

Je saisis une longue perche, et, accrochant l'objet de mes désirs, je le tirai adroitement sur le sable ; c'était une corbeille d'un tissu si fin et si serré que l'eau n'y pouvait pénétrer. Un enfant, beau comme le jour, y dormait paisiblement ; son teint était basané, et il paraissait avoir environ une année. On peut se représenter mon extrême surprise ; mais rien ne peut donner l'idée de l'excès de ma joie. Je tombai à genoux pour remercier le ciel d'un don qui, à mes yeux, surpassait tous les autres. « Soyez béni, m'écriai-je, Dieu bon, Dieu tout-puissant ! et rendez-moi digne du présent si doux que vous me faites. J'apprendrai à cet enfant à vous connaître, à vous aimer, et, dès que ses lèvres pourront prononcer quelques mots, il joindra ses actions de grâces à celles que je vous rends. »

Je revins à mon enfant ; l'innocente créature ouvrit les yeux et me sourit ; je le couvris de baisers. Un moment après, il se mit à crier ; je pensai qu'il avait faim ou soif. Je ne manquais pas de nourrices, mais il fallait regagner ma demeure, et j'avais au moins une heure de chemin pour m'y rendre. J'avais emporté du vin de palmier dans une calebasse ; j'apaisai l'enfant en lui en faisant avaler quelques gouttes. Il se rendormit, et, chargeant la corbeille sur mon dos, je repris le chemin de ma grotte. Mon cœur nageait dans la joie ; mon esprit était rempli de mille projets, qui tous avaient rapport à mon enfant, et dans une telle confusion d'idées que je ne pouvais les débrouiller.

A mon arrivée, je choisis la plus belle de mes chèvres laitières; je posai le petit garçon près d'elle. Il saisit avidement une de ses mamelles; pendant qu'il tétait, je caressais le docile animal, qui se prêtait de bonne grâce au service que j'en attendais. Bientôt la chèvre s'attacha à son nourrisson; elle venait elle-même le chercher aux heures où elle avait coutume de lui donner son lait.

Lorsque j'eus pourvu aux besoins de mon enfant, je me livrai à mes réflexions; je sentais le besoin de me calmer et de me recueillir. «Enfin, me disais-je, voilà une société que le ciel m'envoie; je vais nourrir, soigner, instruire ce cher petit; il me sera attaché par les liens de l'amitié et de la reconnaissance; j'entendrai sa douce voix répondre à la mienne; je l'aimerai, il m'aimera : bonheur que je n'eusse jamais osé espérer!

« Je ne travaillerai plus pour moi seul, et mes travaux en deviendront cent fois plus intéressants. Il faut un berceau commode pour mon cher Tomy, c'est le nom que je veux lui donner; j'ai assez de saule et d'osier pour le tresser; dès demain je m'en occuperai. »

Je passai la soirée la plus agréable ; mon enfant, sur mes genoux, jouait avec les boucles de mes cheveux. J'appelai Castor pour lui faire faire connaissance avec lui ; il se montra d'abord un peu jaloux ; mais en partageant mes caresses, je parvins à lui faire lécher les mains et le visage de l'enfant. Pour Coco, il paraissait charmé de l'augmentation de la famille et caquetait à nous étourdir. J'avoue que les mots qu'il prononçait ne me faisaient plus le même plaisir ; j'aspirais à celui d'entendre parler Tomy, et je sentais qu'une syllabe qui sortirait de sa bouche me toucherait plus que tout le babil de mon perroquet.

CHAPITRE XI.

Soins de Félix pour Tomy. Le bain. Le berceau. La promenade du soir. Souvenirs. Inquiétude. Projet impraticable. Les premiers pas de l'enfance. Voyage. Travaux. L'hiver agréable. Plan d'éducation. Tomy est habillé. Heureuses dispositions du petit noir. Baptême de Tomy. Il a une voiture. Voyage en famille.

On pense bien qu'à mon réveil ma première pensée fut pour Tomy; son sommeil était paisible et le sourire était sur ses lèvres. « Aimable enfant ! dis-je en fixant sur lui des regards attendris, si la Providence ne m'avait envoyé à ton secours, tu serais enseveli au fond des eaux ou tu serais devenu la pâture des monstres voraces qui ont dévoré tes parents. Pauvre petit ! te voilà orphelin ; tu n'as d'autre protecteur qu'un enfant bien jeune encore ! Je sens pourtant toute l'importance des devoirs que Dieu m'impose en te jetant dans mes bras ; je le supplierai de m'aider à les remplir. Il veut que je sois père avant l'âge; il m'en donne les sentiments, il ne m'en refusera pas les lumières. »

Combien ma prière fut fervente ce jour-là ! Ce n'était plus pour moi seul que j'implorais le secours du ciel. Tomy s'éveilla. La chèvre accourut à ses cris; quand il eut satisfait son premier besoin, je m'occupai des soins qu'exigeaient la propreté et la santé de mon enfant. Je le plongeai dans une eau pure que j'avais exposée la veille à l'ardeur du soleil, une écaille de tortue fut sa baignoire. J'avais fait plusieurs nattes qui me servaient à différents usages; j'en étendis une sur la terre; j'y posai Tomy, qui commença à se rouler et à exercer ses forces naissantes. Il essayait de se lever et retombait aussitôt; tous ses mouvements me semblaient avoir une grâce particulière; je le contemplai avec délices. Castor vint partager ses jeux, et rendre ce spectacle encore plus intéressant; le bon animal paraissait craindre de blesser son petit camarade, et ses précautions ne me laissaient aucune inquiétude.

Cependant je travaillai au berceau de mon enfant; j'y mis plus de soins qu'à tous mes autres ouvrages. Quand il fut achevé, je le garnis de peaux en dedans, puis j'y mis un matelas de mousse sèche. Il fut placé près de mon lit, et l'enfant s'y trouva si bien qu'il s'endormit profondément. En le voyant aussi fort, je pensai qu'il devait avoir besoin d'une nourriture plus solide que le lait de la chèvre. J'avais vu souvent les femmes de mon pays faire de la bouillie à leurs nourrissons; rien ne m'était plus facile, puisque j'avais du lait et du riz. Je résolus de réserver le peu qui m'en restait pour mon enfant, et de m'en priver jusqu'à la récolte.

Obligé de faire une guerre continuelle aux voleurs de mon bien, je ne vivais guère alors que de petits oiseaux que je tuais à coups de flèches, ou que je prenais avec des lacets; je profitais pour la chasse des moments où je voyais mon enfant endormi; à mon retour je lui apportais quelques fruits. Déjà il me reconnaissait et me tendait ses petits bras dès que j'entrais dans la grotte. Je lui parlais sans cesse; je savais bien qu'il ne comprenait pas; mais je pensais que, pour lui apprendre à parler, je devais lui prononcer souvent les mêmes mots. Coco avait appris bien vite son nom, et il appelait Tomy du matin au soir.

Tous les jours, lorsque la chaleur était passée, je prenais dans mes bras mon petit garçon, et je me promenais le long du rivage; puis je m'asseyais sur un quartier de rocher. J'imaginai quelques jeux pour amuser mon cher enfant et pour le faire rire, ce qui était toujours pour moi un plaisir nouveau.

Dans les premiers temps, ivre de mon bonheur, toutes mes idées s'étaient concentrées sur l'objet de ma tendre affection et de mes plus douces espérances.

Je vivais dans le présent et dans l'avenir ; le passé semblait effacé de ma mémoire. Un soir cependant que je considérais la mer, unie alors comme une glace, je me rappelai l'apparition des canots pleins de sauvages, et je cherchai à m'en rendre raison. Depuis environ quatre ans que je vivais dans cette île, c'était la première fois que j'en avais aperçu ; j'en conclus qu'elle ne leur était pas connue, et que le hasard, ou quelque circonstance que je ne pouvais deviner, les avait amenés de ce côté. Je savais, par les récits des matelots, qu'on trouve, parmi les sauvages, quelques nations à qui l'humanité n'est pas étrangère, qui pratiquent l'hospitalité, plaignent et secourent les malheureux ; mais je me souvenais aussi qu'il en existait d'autres dont la plus atroce barbarie formait le caractère, et que les infortunés qui tombaient entre leurs mains ne devaient s'attendre qu'à une mort cruelle. Je frémis en songeant que ceux que j'avais vus étaient peut-être de ces derniers, qu'ils pouvaient avoir remarqué mon île et y descendre quelque jour. « S'ils allaient m'enlever mon enfant ! pensai-je. Quand je pourrais moi-même leur échapper, vivrais-je heureux, si j'en étais privé ? » Cette crainte fit une telle impression sur mon esprit, que je fus tenté d'abandonner ma demeure et de m'enfoncer dans les terres ; mais un pays découvert ne me paraissait pas encore une retraite assez sûre pour y cacher mon trésor. La forêt noire était le seul asile où j'étais certain que les sauvages ne pénétreraient pas. La caverne de la mort ne me paraissait plus si affreuse, puisqu'elle pouvait dérober mon enfant à toutes leurs recherches ; mais comment l'y nourrirais-je, puisque j'avais manqué moi-même d'y mourir de faim ? Cette idée et beaucoup d'autres me détournèrent de mon extravagant projet. Je ne voulus pas priver mon cher Tomy des beautés de la nature pour l'enfermer dans une sombre prison ; je le mis, ainsi que moi, sous la protection du Tout-Puissant, et je résolus de jouir de ses bienfaits, sans me tourmenter d'un avenir incertain.

Les beaux jours s'écoulèrent fort agréablement pour moi ; jusqu'à ce moment j'avais occupé mes bras; mon esprit n'avait pas été oisif, mais mon cœur avait besoin d'un objet auquel il pût s'attacher, et qui partageât les sentiments qu'il m'inspirerait. Je l'avais trouvé ; je jouissais par avance de l'amitié qu'aurait pour moi mon cher Tomy ; uniquement occupé de lui, j'avais le droit de compter sur un retour de tendresse qui ferait mon bonheur. Cet aimable enfant se développait à vue d'œil ; dans nos promenades, lorsque je l'avais placé sur un épais gazon, il ne se contentait plus de s'y rouler ; il essayait de se lever et de se tenir sur ses jambes ; je l'appelais, et ses pas incertains se dirigeaient vers moi. Souvent il retombait; comme ses chutes ne pouvaient être dangereuses, il me voyait rire et riait aussi.

Je n'avais pas renoncé à mes courses, dont je rapportais toujours quelque chose d'utile pour le ménage ; je les recommençai dès que l'enfant put se passer de sa nourrice. Il mangeait des patates, des bananes et de tous les fruits que l'île produisait ; les œufs d'oiseaux lui convenaient aussi, et j'étais sûr de trouver toutes ces ressources dans les lieux que je parcourais. Avant de me mettre en route, je plaçai mon enfant dans la corbeille, seul héritage qu'il eût eu de ses parents ; et, chargé de ce doux fardeau, je marchais avec précaution pour ne pas interrompre son sommeil. Lorsque je campais, dans mon voyage, je choisissais l'arbre où je voulais passer la nuit ; je suspendais la corbeille à une forte branche, et une corde passée à mon bras la soutenait encore.

Mes travaux ne souffraient nullement de l'aimable distraction que me procurait mon enfant ; si j'étais un moment forcé de m'en éloigner, je confiais sa garde à mon fidèle Castor, qui paraissait tout fier de cet emploi et qui s'en acquittait parfaitement. Non-seulement il veillait sur lui pour le préserver de tout danger, mais il l'amusait et se prêtait de la meilleure grâce à ses petites fantaisies. Aussi mes semailles, mes salaisons, ma fabrique de bougie, furent terminées dans le temps convenable. Mon jardin était devenu un lieu de délices ; tous les ans je l'embellissais des plantes et des arbustes les plus propres à l'orner ; je les arrondissais pour en former des berceaux et des cabinets de verdure, qui nous offraient de frais ombrages au milieu de la plus grande chaleur du jour.

Les pluies m'obligèrent enfin de me renfermer dans ma grotte ; de nouveaux plaisirs m'y attendaient. Tomy commençait à bégayer quelques mots ; le doux nom de papa avait déjà frappé mon oreille et fait palpiter mon cœur. C'était, selon moi, le moment de former un plan d'éducation ; toutes mes pensées s'y rapportaient. Ce fut alors que je regrettai vivement de n'avoir pas mieux profité de celle que j'avais reçue. Je sentais mon insuffisance et le peu de moyens que j'avais d'instruire mon élève ; mais si je ne pouvais lui donner que bien peu de connaissances, je me proposais de former son cœur à la vertu, de lui inspirer le respect et l'amour de Dieu, l'humanité pour tous les êtres créés, le courage dans les dangers, la résignation dans les peines et la modération dans les succès. J'avais acquis ces qualités à l'école du malheur : je désirais que mon enfant les possédât sans qu'il lui en coûtât si cher.

Tomy était toujours de bonne humeur; je prévenais tous ses besoins, mais je n'accordais rien à ses caprices. S'il demandait, par des gestes expressifs, quelque chose que je dusse lui refuser, un fruit malsain, un outil qui aurait pu le blesser, ses cris et ses pleurs ne le lui faisaient point obtenir. Convaincu de leur inutilité, il n'en versait que quand il souffrait; j'en cherchais alors la cause avec une tendre sollicitude, et je parvenais à le soulager ou à le distraire.

Craignant pour mon cher enfant la fraîcheur de la caverne, je lui fis de petits vêtements. J'eus quelque peine à l'accoutumer à les souffrir; il n'aimait pas ce qui gênait ses mouvements toujours très-vifs; cependant, lorsqu'il croîtrait, la modestie exigeait qu'il fût vêtu. Je lui fabriquai une espèce de tunique fort large, qui ne descendait qu'au genou, et je lui fis prendre l'habitude de la porter. Je ne jugeai pas à propos de lui faire de chaussure; je pensai qu'accoutumé dès sa plus tendre enfance à marcher les pieds nus, les siens s'endurciraient comme ceux des petits paysans de mon pays, qui couraient sur les cailloux sans en être blessés. Comme j'avais souvent regretté de n'avoir pas été élevé de cette manière, je crus que ce serait un avantage pour Tomy.

Cependant ses progrès étaient rapides; ses pas commençaient à s'assurer; il prononçait distinctement une assez grande quantité de mots; mais ce qui me charmait davantage, c'est qu'il annonçait un bon naturel et beaucoup de sensibilité. Il partageait avec Castor tout ce que je lui donnais; il distinguait parmi mes chèvres celle qui l'avait nourri, et lui faisait mille caresses; mais j'étais l'objet de son plus tendre attachement. Il ne se trouvait bien qu'auprès de moi, et, dès que je l'appelais, il quittait tous ses jeux pour courir dans mes bras. Il montrait déjà le goût imitatif qui distingue les enfants; si je tressais du jonc ou de l'osier, il en saisissait quelques brins et cherchait à faire comme moi; si j'arrachais dans mon jardin les plantes parasites, il voulait encore m'imiter. Cette remarque me fit comprendre combien ceux qui élèvent la jeunesse doivent veiller sur toutes leurs actions, pour ne rien laisser échapper qui soit d'un dangereux exemple. C'est plutôt sur la conduite d'un maître que l'enfant forme la sienne que sur les maximes qu'on lui débite, et qui ne sont d'aucun fruit si elles ne sont soutenues par l'exemple.

Dès que je m'aperçus que Tomy pouvait lier quelques idées, je l'accoutumai à élever ses petites mains vers le ciel et à prononcer avec respect le nom de Dieu. J'attendais avec impatience le moment de le lui faire connaître. Je priais devant lui avec recueillement et dans la posture la plus respectueuse. » Un jour, dis-je, il m'en demandera la raison, et ce sera alors que je commencerai à lui donner les premières notions du culte que l'homme doit rendre à celui qui l'a formé. »

Je repassais continuellement dans ma mémoire l'Ancien et le Nouveau Testament : c'était la base des instructions que je voulais donner à Tomy. Combien je me réjouissais de penser que cet enfant, élevé par des parents idolâtres, n'aurait, sans moi, jamais connu le vrai Dieu ! Cependant il n'avait pas reçu le baptême ; j'y avais songé, et la crainte de ne pas m'en acquitter convenablement m'avait empêché de le lui donner. Je réfléchis longtemps avant de m'y déterminer. Mon catéchisme m'avait enseigné que l'intention de faire un chrétien était l'essence de ce sacrement. Je suppliai Dieu d'avoir égard à la mienne et de recevoir mon petit sauvage au nombre de ses enfants. Après cette prière, je versai de l'eau sur sa tête, en disant à haute voix : « Thomas, je te baptise au nom du Père, et du Fils, et du Saint-Esprit. » Cette cérémonie achevée, je serrai contre mon cœur, avec une nouvelle tendresse, mon aimable orphelin, et je promis à Dieu de lui servir de père et de ne jamais m'en séparer.

Au retour du printemps, Tomy pouvait avoir dix-huit à dix-neuf mois. Il était beaucoup plus fort que ne le sont ordinairement les enfants de cet âge; il courait tout seul et parlait distinctement. Le beau temps acheva de le fortifier. Je l'accoutumai à faire de petites courses, à me rendre mille petits services; il n'était jamais plus content que quand il croyait que j'avais besoin de lui, et se montrait déjà sensible au plaisir d'être utile. Il régnait entre lui et Castor la plus touchante amitié; j'en voulus profiter pour accoutumer le bon animal à porter l'enfant sur son dos quand nous aurions une longue route à faire. Je composai avec des peaux une espèce de bât que j'attachai fortement sous le ventre de mon chien; avec des lanières des mêmes peaux, j'y fis un dossier pour soutenir le petit garçon et des appuis pour ses pieds. Je fis plusieurs essais de cette invention avant d'oser entreprendre une course de cette manière; mais l'allure douce de Castor, qui marchait avec précaution, comme s'il eût connu l'importance du dépôt que je lui confiais, l'assurance de Tomy, qui *goûtait fort cette façon d'aller*, tout cela me tranquillisa, et je me décidai à partir, accompagné de toute ma maison, pour visiter les bords de la grande rivière. Je ménageais les forces de mon chien; quand je le voyais fatigué, je prenais l'enfant dans mes bras; notre marche était plus lente, mais rien ne me pressait et mon temps était à moi.

CHAPITRE XII.

Conversation enfantine. Tempête. Canon de détresse. Nuit affreuse de Félix. Ils ont tous péri! Recherches. Voilà un corps. C'est une femme. Elle vit. Succès des soins de Félix. Sa joie. Résolution, etc.

Les deux années qui suivirent ne furent remarquables que par les progrès de Tomy et les nouvelles joies qu'il me donnait; du rèste, c'étaient toujours les mêmes soins, les mêmes occupations. Il y avait bientôt six ans que j'étais dans mon île; mon enfant avait quatre ans; il était aussi instruit qu'on peut l'être à cet âge; son intelligence précoce et sa vive curiosité facilitaient mon travail. Sa question la plus ordinaire était celle-ci: « Papa, qui a fait cela? » Le plus souvent je lui répondais: « C'est Dieu, » et quelquefois: « C'est moi. » Un jour qu'il regardait le soleil levant, il me dit: « Toi qui fais tant de choses, fais-moi un autre soleil. — Eh! pourquoi? lui répondis-je en souriant de sa prière. — Pour éclairer Tomy quand celui-ci se cachera tout là-bas. — Mais, mon ami, je ne puis pas faire un soleil; il n'y a que Dieu qui soit assez puissant pour cela. — Tu m'as dit que c'est aussi le bon Dieu qui t'a fait; tu le remercies et tu le pries tous les jours; est-ce que le soleil et la la lune le prient aussi ? — Toutes les créatures le bénissent à leur manière et surtout en faisant sa volonté. Il a dit au soleil d'éclairer la terre pendant le jour; tu vois bien qu'il obéit. — Et nous, papa, qu'est-ce que Dieu veut que nous fassions ? —Il veut que nous l'aimions de tout notre cœur, et puis que nous nous aimions aussi, toi et moi. — Oh! comme cela est aisé d'obéir au bon Dieu ! »

Ces propos naïfs de mon cher enfant m'attendrissaient jusqu'aux larmes. Sans le souvenir de ma mère, je me serais trouvé parfaitement heureux, et je n'eusse ni regretté le monde ni désiré de quitter ma solitude.

Un jour que je jouissais, à peu de distance de ma grotte, des charmes d'une belle soirée, tout à coup le ciel se couvrit à l'horizon de nuages noirs et sulfureux, la mer s'éleva en bouillonnant, le bruit de la foudre se fit entendre au loin; enfin, tout annonçait une violente tempête. Je pris Tomy dans mes bras, et courant autant que mes forces purent me le permettre, je gagnai ma retraite; je fermai exactement la porte et les volets, et j'allumai de la bougie. A peine eus-je pris ces précautions, que j'entendis des

P. 172.

Soyez béni, m'écriai-je, Dieu bon, Dieu tout puissant ! rendez moi digne du présent que vous me faites

torrents de pluie qui, se mêlant au bruit des vents déchaînés et aux éclats du tonnerre, semblaient menacer mon île d'un entier bouleversement. J'étais accoutumé à ces secousses de la nature, et persuadé que le Très-Haut ne retirerait pas de dessus moi sa main paternelle, je me jetai sur mon lit, près du berceau de mon enfant, qui dormait d'un paisible sommeil. J'invoquais pour lui et pour moi la protection du ciel, lorsque je crus entendre quelques coups de canon tirés à égales distances ; je prêtai une oreille attentive, et je fus bientôt convaincu que je ne me trompais pas. C'était sans doute le signal de détresse d'un vaisseau près de périr ; les malheureux qui le montaient imploraient le secours de quelqu'un de leurs semblables ; mais ils n'étaient entendus que d'un enfant qui ne pouvait rien pour eux. Cette idée me désespérait ; j'aurais de bon cœur exposé ma vie pour les sauver, mais je n'en avais aucun moyen. A force de réfléchir, je pensai que quelques-uns de ces infortunés pourraient, à l'aide de leurs chaloupes, aborder dans mon île, s'ils en avaient connaissance, et qu'en allumant un grand feu sur le rivage je leur indiquerais la route qu'ils devaient prendre. La pluie avait cessé, mais le vent soufflait toujours avec violence. Je sortis de ma grotte et me rendis au rivage, chargé de bois sec que j'avais tiré de mon magasin ;

j'en fis une espèce de bûcher et j'y mis le feu. Les tourbillons du vent l'allumèrent aussitôt, et trois coups de canon me firent espérer qu'on l'avait aperçu. Je me mis de mon mieux à l'abri de la tempête sous une avance de rocher, et je passai le reste de la nuit à entretenir mon feu et dans une anxiété inexprimable. Une heure après mon arrivée, les coups de canon cessèrent, ce qui me fit penser que les infortunés matelots avaient abandonné le navire. J'attendais le jour avec une extrême impatience; il parut enfin, et me fit apercevoir, à la plus grande distance où ma vue pût se porter, un vaisseau entièrement démâté et couché sur le côté entre deux écueils que je voyais à fleur d'eau. J'espérais découvrir des chaloupes se dirigeant vers mon île, mais il ne s'en offrit point à mes yeux, et l'aspect d'une mer irritée, dont les vagues écumantes venaient se briser sur la côte, me fit juger qu'elle les avait englouties dans ses profonds abîmes. J'eus besoin de réflexion pour me soumettre à la volonté de Dieu dans cette circonstance; mon cœur était déchiré, et deux ruisseaux de larmes coulaient sur mes joues. Je repris tristement le chemin de la grotte. Tomy était éveillé ; les soins que je lui donnai firent diversion à ma douleur. Quand j'eus pourvu à tous ses besoins, je le laissai sous la garde de mon chien pour retourner au rivage, résolu de le côtoyer, afin de donner la sépulture aux corps que la mer pourrait y jeter.

Mes recherches furent longtemps infructueuses; je m'approchai d'une pointe de terre qui s'avançait dans la mer comme un petit promontoire, et, en tournant un rocher, j'aperçus sur le sable un corps inanimé, couvert des vêtements d'une femme. A ce touchant aspect, je fus saisi de pitié; je me mis à genoux près de l'infortunée, cherchant quelque indice de vie sur son visage décoloré et couvert des ombres de la mort. Je soulevai son bras; il était roide et glacé; je posai ma main sur son cœur; il me sembla sentir un faible battement. Rassemblant alors toutes mes forces, je la pris dans mes bras et l'appuyai sur le rocher; et, soulevant sa tête, ce mouvement provoqua le vomissement. Elle rendit avec abondance l'eau qu'elle avait bue, et elle entr'ouvrit un moment les yeux, puis elle retomba dans son premier état.

Ma situation était très-embarrassante; j'ignorais les moyens de rappeler à la vie celle qui m'inspirait un si vif intérêt. Je m'étais muni de vin de palmier; je parvins, avec beaucoup de peine, à lui en faire avaler, et j'eus la satisfaction de la voir se ranimer et respirer avec facilité. Elle revint tout à fait à elle, et, tournant vers moi des regards attendris : « Je vous dois la vie, me dit-elle; je ne pourrai jamais m'acquitter envers vous, mais je fais vœu de vous servir le reste de mes jours : je ne veux plus vivre que pour vous prouver ma reconnaissance.» Aux accents de cette voix touchante, j'éprouvai la plus vive émotion ; elle me rappelait un souvenir bien cher. Je considérai ces traits défigurés par la douleur et par l'épouvante : c'étaient ceux de ma tendre mère ; les battements de mon cœur ne m'en laissèrent pas douter. Partagé entre la joie, la douleur et les regrets, je gardais le silence et j'étais près de perdre l'usage de mes sens. Suzanne s'aperçut de ma pâleur. «Dieu ! s'écria-t-elle, sauvez mon libérateur ! » Elle s'arrache de mes bras, me fait asseoir au pied du rocher, et me rend tous les soins que je venais de lui prodiguer. Je n'avais point perdu connaissance ; mais, incapable de prononcer une parole, je réfléchissais à ce que je devais faire. Il eût été dangereux de me faire connaître à ma mère ; l'affaiblissement de ses forces ne lui eût pas permis de soutenir l'excès de sa joie. Ma taille élevée, ma vigueur extraordinaire éloignaient les rapprochements qu'elle aurait pu faire, et ne pouvaient pas lui permettre d'imaginer que c'était son fils qu'elle tenait dans ses bras. Dès que j'eus retrouvé la faculté de parler, je la rassurai sur mon état, que j'attribuai à la fatigue de la nuit précédente ; je lui témoignai le désir de la conduire à ma demeure ; elle y consentit, et, s'appuyant sur mon bras, nous marchâmes lentement vers la grotte. Aussitôt qu'elle y fut entrée je la fis asseoir sur un banc couvert de peau, et, mettant sur ses genoux mon petit Tomy, je la priai d'adopter cet enfant et de l'aimer pour l'amour de moi. Elle l'accabla de caresses, auxquelles il répondit avec les grâces naïves de l'enfance.

Tout occupé de réparer les forces de ma mère, je la suppliai de se coucher sur mon lit, après lui avoir fait prendre une tasse de lait, où j'exprimai le jus d'une canne à sucre. Elle s'endormit bientôt, et pendant son sommeil je m'occupai de lui faire un bon bouillon. J'avais un morceau de tortue que je mis dans la marmite ; j'y ajoutai deux oiseaux d'un goût exquis ; j'en fis un consommé ; puis je fis crever du riz pour composer un potage fortifiant. En prenant tous ces soins mon cœur palpitait de joie ; il était rempli d'une tendre reconnaissance pour le Dieu de bonté qui me donnait le moyen de réparer mes torts et de faire le bonheur de ma mère. Je pris la résolution de ne me faire connaître à elle que lorsque je lui aurais prouvé mon repentir et mon amour. Je quittais à chaque instant mon foyer pour jouir du plaisir de la voir reposer ; le sommeil, après avoir rafraîchi son sang, avait répandu sur ses joues une teinte de rose ; ses traits reprenaient leur douceur, et je contemplais avec délices le visage chéri de ma mère, à peu près tel que je l'avais vu autrefois. Elle n'avait pas plus de trente-huit ans ; son excellente constitution avait résisté aux chagrins que je lui avais causés, et me donnait l'espoir de prolonger longtemps une vie qui m'était plus chère que la mienne.

Tomy tournait autour de moi et me faisait à voix basse mille questions sur ma nouvelle hôtesse. Comme il n'avait pas d'idée qu'il existât deux sexes; il en parlait comme d'un homme. « Comme il m'a baisé! disait-il; je crois qu'il m'aime beaucoup; c'est un autre papa que le bon Dieu me donne! — Non, mon ami, c'est une maman, parce que c'est une femme; je t'expliquerai cela, mais ne fais pas de bruit de peur de l'éveiller. Viens avec moi au jardin; nous allons cueillir un ananas et des fraises pour en faire manger à ta maman. »

Il me suivit en sautant et en continuant son joli babil. « Que je suis content! un papa! une maman! Quand papa sortira et qu'il ne pourra pas m'emmener, je ne serai plus seul avec Castor, je resterai avec maman. »

Après trois heures d'un sommeil paisible, ma mère s'éveilla, entièrement remise. Je lui offris le repas que j'avais préparé; elle fut extrêmement surprise de trouver dans le fond d'un désert une nourriture aussi saine qu'agréable. Elle me fit de tendres remercîments des soins dont elle était l'objet, et me dit qu'elle espérait que je lui céderais l'emploi de cuisinier et que je me contenterais de celui de pourvoyeur. Après dîner, elle me témoigna une vive curiosité de connaître mes aventures.

Il m'était impossible de lui rien refuser. Je commençai mon récit à l'époque de mon naufrage. Elle me donnait vingt ans, je la laissai dans son erreur; mais j'entrai dans le détail de mes travaux, de mes découvertes, de mes occupations et de toutes les ressources que j'avais trouvées. Je lui rendis compte de mes réflexions et de mes sentiments, et je lui témoignai que je devais aux bons principes que j'avais reçus de mes parents le courage et la résignation qui m'avaient soutenu dans les circonstances les plus fâcheuses. Elle levait les yeux et les mains vers le ciel, et les larmes inondaient son visage; c'était le souvenir de son fils qui les faisait couler. D'un mot j'aurais pu les tarir; mais ce n'était pas un enfant coupable que je voulais offrir aux yeux de ma mère; je voulais effacer les traces de ma faute par mes services et par toute ma conduite. L'aventure de la forêt ténébreuse la fit frémir. Ce fut bien pis quand je lui racontai la mort funeste des parents de Tomy et la manière dont il était tombé entre mes mains. Elle serra sur son cœur ce pauvre enfant, et je vis qu'elle partageait tous les sentiments qu'il m'inspirait.

J'avais aussi un grand désir de savoir par quel accident ma mère avait été amenée à la vue de mon île, et par quelle voie la divine Providence m'avait ménagé le bonheur de lui sauver la vie ; mais je remis à le lui demander, pour ne pas abuser de ses forces. Je l'emmenai dans mon jardin, dont elle admira l'ordonnance, et de là au bord de la mer, où nous nous amusâmes à chercher des œufs de tortue pour le repas du soir.

Les vagues avaient amené sur le rivage des planches détachées du vaisseau naufragé ; c'était une précieuse acquisition. Je les portai dans mon magasin, elles me firent naître l'idée d'en composer un radeau, par le moyen duquel je pourrais approcher du navire échoué et en sauver quelques objets utiles. Je n'étais pas inquiet pour la subsistance de ma mère ; il ne s'agissait que de cultiver une plus grande quantité de riz et de patates, de faire plus de salaisons et d'augmenter mon troupeau de quelques chèvres. Mais je voyais avec peine qu'elle éprouverait des privations d'un autre genre. Il m'en avait beaucoup coûté de me passer de linge, et cependant l'enfance s'accoutume facilement à tout ; combien il lui serait pénible de n'avoir comme moi, pour se vêtir, que des habits de peaux de bêtes ! Je ne voyais d'autre moyen de lui procurer des vêtements et du linge que d'en aller chercher au vaisseau. Ni fatigues, ni périls, rien ne pouvait m'arrêter.

J'eus beaucoup de peine à décider ma mère à accepter mon lit ; elle ne céda qu'aux plus vives instances et à la promesse que je lui fis de travailler dès le lendemain à m'en faire un autre, et de lui permettre de m'aider. Elle porta un grand tas de feuilles sèches dans la salle qui devait désormais être ma chambre à coucher ; elles furent étendues et couvertes de peaux. Tomy, enchanté de tout ce mouvement, la suivait comme un petit barbet et cherchait aussi à se rendre utile ; il ramassait des feuilles et lui en rapportait plein ses deux mains, se croyant d'un grand secours. Ma mère prenait pour cet enfant une telle affection, qu'elle me demanda de laisser son berceau près de son lit. Ses désirs étaient des lois pour moi, aussi je n'eus garde de m'y opposer.

Oh ! la délicieuse soirée que nous passâmes ! J'étais sans doute le plus heureux, parce que je connaissais toute l'étendue de mon bonheur. Au milieu des jouissances que je procurais à ma mère, des soupirs s'échappaient souvent de son sein. Elle pensait à son cher Félix ; il était devant elle, et elle ne le reconnaissait pas.

CHAPITRE XIII.

Histoire de Suzanne. Partage des occupations. Voilà du beurre. Construction d'un radeau. Voyage au vaisseau. Félix charge son radeau d'objets d'une grande utilité. Retour. Dîner dans toutes les règles. Transport des effets sauvés. Nuit agréable.

Le lendemain, Suzanne alla chercher tout le saule et l'osier qu'elle trouva dans mon magasin, et me somma de tenir ma parole. Dès qu'elle eut vu la manière dont je m'y prenais, elle m'imita avec beaucoup d'adresse; ainsi l'ouvrage alla grand train. Je pris ce moment pour la prier de me raconter son histoire. « C'est, me répondit-elle, un récit bien douloureux; mais je n'ai rien à refuser à celui qui m'a sauvé la vie. »

Ma mère entra d'abord dans le détail de son mariage, de ma naissance, des soins qu'elle et mon père avaient pris de mon éducation et des espérances qu'ils avaient conçues de m'y voir répondre. Elle peignit avec feu sa douleur à la mort de son mari; je ne pus douter que sa tendresse pour moi ne l'eût seule empêchée de succomber. Mais quand elle parla de mon indocilité, de mon humeur vagabonde, des chagrins et des inquiétudes qu'elles lui avaient causés, tous mes remords se réveillèrent ; mon cœur se serra, et je fus près de perdre l'usage de mes sens. Ma mère se reprochait vivement la faiblesse qui l'avait empêchée de conserver sur moi toute son autorité et d'user de rigueur pour me corriger; elle déplorait encore plus le consentement qu'elle avait donné à mon départ, et se regardait comme la cause de ma mort.

Je reprends ici le récit de Suzanne, et je la ferai parler à peu près dans les mêmes termes dont elle se servit ; le vif intérêt que j'y prenais les a gravés dans ma mémoire.

« Lorsque je me fus séparée de mon cher Félix et que j'eus vu partir la diligence, je repris en pleurant le chemin de mon village. Mes voisines et mes amies, touchées de ma peine, cherchaient à l'adoucir en me visitant souvent. Les mères surtout me parlaient de mon fils, et m'assuraient que, dans quelques mois, j'aurais de ses nouvelles. C'était la meilleure manière de me consoler ; mais je n'éprouvais de véritable soulagement que lorsqu'au pied des autels je priais Dieu pour mon enfant. Dix-huit mois s'écoulèrent sans que j'entendisse parler du vaisseau où il s'était embarqué. A Brest et dans les environs, on était persuadé qu'il avait péri. Pour moi, sans aucune connaissance de la marine, je me laissai amuser par les discours de ceux qui s'intéressaient à moi et qui voulaient me cacher mon malheur. Il me fut enfin connu : deux matelots de notre village étaient échappés au naufrage, ils s'étaient sauvés sur un rocher où ils avaient pensé périr de misère ; mais un navire américain les avait recueillis ; ils étaient revenus au pays. Notre digne curé, voyant qu'il était impossible de me cacher plus longtemps ce qui était connu de tout le monde, se chargea lui-même de m'annoncer cette terrible nouvelle. Sa charité lui fit employer les plus grands ménagements; mais le coup n'en fut pas moins affreux. Je tombai sans connaissance à ses pieds, et je ne sortis d'un long évanouissement que pour être saisie d'une grosse fièvre et d'un délire violent. Je fus plusieurs jours dans cet état ; quand je revins à moi, le respectable pasteur était près de mon lit ; il me parla avec une douceur angélique, et se servit des motifs les plus puissants de la religion pour m'amener à me soumettre à mon sort. Je me rappelle la réponse que je faisais à toutes ses remontrances : « Ah ! monsieur, j'avais tant prié Dieu de ne pas le punir ! — Eh bien ! me dit-il enfin, prétendez-vous reprocher au Tout-Puissant de ne vous avoir pas exaucée ? Pouvez-vous pénétrer ses desseins? Ne vous suffit-il pas qu'il soit votre père, pour être sûre que tout ce qu'il permet est pour votre avantage? Votre enfant se serait peut-être perdu dans le monde ; Dieu l'a retiré à lui. Femme de peu de foi, soumettez-vous pour vous rendre digne de le rejoindre un jour. »

« Ce ton sévère coûtait au cœur du bon curé; il revint bientôt à la douceur de son caractère, et, s'accommodant à ma faiblesse, il me laissa concevoir une espérance qu'il n'avait pas lui-même, et qui seule a soutenu, pendant plusieurs années, ma déplorable vie. Je me mis dans l'esprit que puisque deux matelots s'étaient sauvés, mon fils pouvait avoir eu le *même* bonheur, qu'il existait peut-être dans quelque coin du monde, et que je le reverrais tôt ou tard. Cette idée fit tant d'impression sur moi que je tressaillais chaque fois qu'on frappait à ma porte; je courais ouvrir avec une extrême émotion, et mon espoir trompé me faisait retomber dans mon anéantissement.

« J'avais été élevée au couvent; j'étais par conséquent moins ignorante que les autres personnes de ma classe; mais je n'avais point la moindre idée de géographie. Un nouveau maître venait de s'établir dans notre village; il enseignait cette science aux enfants des gentilshommes et des riches bourgeois dont les campagnes étaient voisines. Il me vint un si grand désir de prendre de ses leçons que je n'y pus résister. J'y mis du mystère, parce que je craignais qu'on ne se moquât de moi. J'allais le soir chez l'instituteur. J'appris bientôt à connaître les cartes ; depuis ce moment ma plus douce occupation fut de les examiner, de suivre la route des vaisseaux qui vont dans l'Inde ou dans nos colonies d'Amérique, de considérer cette immense quantité d'îles encore inhabitées. Quand mes yeux s'arrêtaient sur un archipel, je ne pouvais les en détacher ; je croyais voir mon fils dans une de ces îles, sans réfléchir qu'un si jeune enfant n'aurait pu trouver les moyens d'y subsister, et qu'il eût été la proie des bêtes féroces contre lesquelles il n'eût point eu de défense.

« Ces chimères occupèrent mon esprit pendant trois ans. Cependant je dépérissais chaque jour ; ma santé succombait aux angoisses de mon cœur, lorsque j'appris que madame d'Altamont, riche veuve, qui habitait Brest, allait partir pour la Martinique, où elle avait à recueillir une succession considérable, et qu'elle cherchait une personne de confiance pour l'accompagner. Mon imagination s'enflamma à cette nouvelle. Si je pouvais suivre cette dame, je verrais sans doute les mêmes lieux où mon fils avait passé ; je m'en informerais partout ; je le retrouverais peut-être. Cette pensée, quoique sans aucun fondement, me poursuivait jour et nuit. J'allai me jeter aux pieds de notre curé, et je le suppliai de me proposer à madame d'Altamont, dont il était connu. Il combattit d'abord mon projet, et, voyant combien j'y étais attachée, il me prévint que cette dame était d'un caractère impérieux et dur, et que je ne pourrais manquer d'avoir beaucoup à souffrir de son humeur. C'était un faible obstacle pour un désir comme le mien ; je redoublai mes prières et mes larmes ; le curé en fut attendri. Il partit pour Brest, et, par ses recommandations, j'obtins la place que j'ambitionnais. Par le conseil du sage pasteur, je pris tous les arrangements nécessaires pour assurer ma petite fortune à mon fils s'il revenait, ou, à son défaut, à mes légitimes héritiers, au cas que Dieu disposât de moi dans ce voyage. Le curé me fit aussi promettre que, si mes recherches n'avaient aucun succès, je me soumettrais entièrement à la volonté de Dieu, et moi, je pris la ferme résolution de me retirer alors dans une maison religieuse et de me consacrer à Dieu, sentant que lui seul pouvait remplacer mon enfant dans mon cœur.

« Mes dispositions furent bientôt faites ; je me rendis à Brest, accompagnée du curé, qui voulut me présenter lui-même à ma nouvelle maîtresse. Elle fut surprise de mon désintéressement ; je ne voulus faire aucune condition avec elle ; je m'abandonnai entièrement à sa générosité. Pourvu que je fusse transportée dans le Nouveau Monde, tous mes vœux étaient remplis.

« Je n'ai déjà que trop abusé de votre patience en vous entretenant si longtemps de mes douleurs. Je ne vous raconterai point les contradictions que j'éprouvai pendant la traversée. Madame d'Altamont avait effectivement le caractère le plus fantasque et le plus bizarre ; malgré tous mes efforts, je ne pouvais la servir à son gré ; elle me faisait durement sentir ma dépendance et supporter sa mauvaise humeur ; mais j'étais fort peu sensible à ses procédés. Uniquement occupée du but de mon voyage, le plus souvent je n'entendais pas ses reproches, ou, comme je pouvais me rendre témoignage qu'ils n'étaient pas mérités, je les écoutais avec indifférence. Elle fut assez longtemps tourmentée du mal de mer ; heureusement je n'en fus que légèrement incommodée ; ainsi, je pus lui donner les soins qu'elle avait droit d'attendre de moi. Nous relâchâmes à l'île de Madère, et madame d'Altamont y recouvra la santé. Le reste de la traversée se passa sans aventure fâcheuse, jusqu'au moment où nous essuyâmes l'horrible tempête qui fracassa notre vaisseau sur les rochers qui environnent cette île. Au milieu de la consternation générale, je ne m'occupais que de porter des secours à ma malheureuse maîtresse, qui, agitée d'affreuses convulsions, semblait n'avoir qu'un moment à vivre. Quant à moi, j'avais fait le sacrifice de ma vie, et l'espoir de rejoindre mon époux et mon fils me faisaient regarder la mort de sang-froid. Cependant le navire, couché sur le côté, se remplissait d'eau; elle gagnait la petite chambre où nous étions retirées. Le mouvement qui se faisait en haut et les cris de l'équipage *me firent* juger que les matelots allaient se jeter dans les chaloupes. J'en avertis madame d'Altamont, en l'engageant à monter sur le pont pour profiter de ce moyen de salut. Elle retrouva des forces pour suivre mon avis. Les chaloupes, déjà surchargées de monde, allaient s'éloigner du vaisseau; la voix gémissante de ma maîtresse fit consentir ces hommes à nous recevoir; ils nous crièrent de nous laisser glisser à l'aide d'une corde qui pendait le long du bord. Madame d'Altamont s'en saisit la première et entra dans la chaloupe. Je la suivais de près; mais une vague éloigna l'esquif au moment où j'allais y mettre le pied, et je tombai dans la mer. Le bruit de la tempête et les ténèbres qui nous environnaient empêchèrent sans doute qu'on ne s'en aperçût ou qu'on ne pût me secourir. Je perdis connaissance et je ne l'ai reprise que lorsque vos soins généreux m'ont rendue à la vie. Je ne conçois pas par quel miracle de la Providence j'ai été portée vivante sur le rivage de cette île ; mais je jouis de ce bienfait de Dieu avec reconnaissance ; mon imagination est guérie de tout espoir chimérique, et mon cœur se soumet enfin à la volonté du ciel. Confuse et repentante de mon peu de résignation, je consens à supporter la vie tant qu'il plaira à Dieu de me la laisser. Peut-être me deviendra-t-elle encore chère, si je puis être utile à celui qui me l'a conservée. Je n'ai plus de fils, mon jeune ami ; soyez le mien ; souffrez que je remplisse près de vous les devoirs d'une mère, et rendez-moi le bien dont le sort m'a privée. »

Ces tendres paroles me pénétrèrent jusqu'au fond du cœur ; je me jetai aux genoux de ma mère, et je lui promis le respect, la docilité et l'affection d'un fils. « Eh bien ! me dit-elle, je serai doublement heureuse ; je me persuaderai que cet enfant est le vôtre, et le titre de grand'mère me fera goûter de nouveaux plaisirs. » A ces mots, elle accabla de caresses notre cher Tomy, qui ne se possédait pas de joie d'avoir une si bonne maman.

Suzanne voulut absolument se charger de la cuisine et de tout le détail du ménage. J'allais tous les jours à la chasse ou à la pêche, et je rapportais ou du gibier délicat, ou d'excellents poissons. Je trouvais toujours sur la grève quelques débris du vaisseau, et je travaillais en secret à la construction d'un radeau, pendant que ma mère s'occupait dans la grotte et me préparait quelque surprise agréable. Elle savait faire du beurre, mais elle manquait de baratte ; son adresse y suppléa ; un jour elle me servit une tasse de noix de coco pleine d'un beurre fin et délicieux. Ce mets, qui me rappelait mon pays, me flatta infiniment. Depuis ce moment nous n'en manquâmes plus, et ma mère eut le moyen de faire de fort bonnes sauces et de varier nos aliments.

Quand mon radeau fut achevé, j'eus la tentation d'aller visiter le vaisseau sans en prévenir ma mère ; mais la soumission que je lui devais et la crainte de lui causer de l'inquiétude ne me le permirent pas. Je lui demandai la permission de faire ce voyage, et j'eus bien de la peine à l'obtenir. Je lui représentai que, choisissant pour mon départ le temps de la marée descendante, elle me porterait tout naturellement vers le rocher où le vaisseau était échoué ; que j'attendrais à bord le moment du flux, à l'aide duquel je regagnerais le rivage, et qu'en cas d'accident la distance n'était pas assez grande pour que je ne pusse revenir à la nage. Depuis mon séjour dans l'île, j'étais devenu un excellent nageur ; je voulus, pour rassurer ma mère, la rendre témoin de ma vigueur et de mon adresse dans ce genre d'exercice. Je parvins à diminuer ses craintes ; mais elle exigea que je prisse avec moi mon fidèle Castor, dont l'attachement m'avait déjà une fois sauvé la vie.

Il ne s'agissait plus que de mettre le radeau à flot ; je l'avais conduit tout près du bord de la mer sur un terrain en pente. Lorsque la mer montait, elle en soulevait un bout; nous enlevâmes l'autre au moyen de deux forts leviers, et nous eûmes le plaisir de le voir glisser doucement et flotter enfin sur l'eau. Nous l'attachâmes au tronc d'un arbre par un fort lien, et j'attendis avec impatience le moment où le reflux me permettrait de me mettre en mer.

Ma mère m'indiqua la chambre de sa maîtresse, elle se trouvait dans la partie du vaisseau, où probablement l'eau ne pouvait gagner, car la proue étant entièrement enfoncée dans la mer, nécessairement la poupe était fort élevée. Une petite malle contenait les effets de ma mère; elle me recommanda aussi de lui apporter un crucifix, une image de la Vierge, qui étaient près de son lit, et un almanach de cabinet qui s'y trouvait aussi. « Voilà, me dit-elle, tout ce que je vous demande ; du reste, songez à vous, et ne chargez le radeau que de ce qui peut vous être utile et agréable. »

Le temps vint de démarrer ; je détachai le radeau ;

une longue perche me servit à l'éloigner de terre et à le diriger. Je fis heureusement le court trajet jusqu'au vaisseau ; des cordages m'aidèrent à y monter. Il était absolument disjoint, et dans un tel état, qu'il ne pouvait manquer de se dissoudre à la moindre tempête. Je songeai donc à profiter de ce voyage pour rassembler ce qui m'était le plus nécessaire, ne pouvant me flatter d'en faire un second. La malle de ma mère n'était pas au-dessus de mes forces ; je la portai sur le pont, et, au moyen d'une grosse corde, je la descendis sur le radeau. J'y fis couler aussi de gros rouleaux de cordages de différentes grosseurs. Je visitai ensuite toute la partie du vaisseau qui n'était pas submergée ; je trouvai dans la chambre du capitaine plusieurs malles remplies de linge et d'habits ; comme elles étaient fort pesantes, je les vidai, et je fis des paquets de ce qui me convenait. Je pris aussi une cannevette pleine de bouteilles d'eau-de-vie et de liqueurs. J'aurais désiré me procurer quelques barils de biscuits, mais l'entrepont étant plein d'eau, je n'y pouvais pénétrer, et d'ailleurs tout devait y être gâté. J'eus donc lieu de me féliciter de ce que, les productions de l'île suffisant aux besoins de notre vie, je n'avais à m'occuper que de ce qui pouvait la rendre agréable. Plusieurs matelas firent partie de mon chargement ; il fut complété par tout ce que je pus trouver d'ustensiles utiles au ménage : marmites, casseroles, cafetières, plats, assiettes, cuillères, fourchettes et couteaux. Je ne vis pas sans envie grand nombre d'armes à feu ; j'avais toujours souhaité d'en être pourvu en cas d'attaque ; combien le désirais-je davantage, actuellement que j'avais à défendre tout ce que j'avais de plus cher au monde, ma mère et l'enfant de mon adoption ! J'eus le chagrin de ne pouvoir me procurer de la poudre ; elle était toute renfermée dans la partie du vaisseau dont l'eau ne me permettait pas d'approcher. Je laissai donc, en soupirant, les fusils et les pistolets, mais je me chargeai de deux grands sabres. Craignant de surcharger mon radeau, et voulant profiter de la marée, qui commençait à monter, je quittai le vaisseau et ramai courageusement du côté du rivage ; ma famille m'y attendait. En m'approchant, je vis ma mère à genoux, priant avec ferveur pour l'heureux succès de mon voyage. Dès que je touchai la terre, elle vint à moi les bras ouverts, et, tout en me témoignant sa joie de me voir arriver sain et sauf, elle me supplia, avec les expressions les plus touchantes, de ne plus m'exposer à de pareils dangers et de lui promettre de ne plus retourner au vaisseau ; je l'en assurai, et, délivrée de ses inquiétudes, elle m'aida gaiement à décharger notre radeau.

Je voulais transporter sur-le-champ dans ma grotte tous les effets que j'avais sauvés, mais ma mère exigea que je réparasse auparavant mes forces par un bon dîner. Nous prîmes donc le chemin de la grotte, chargés seulement, moi de la cannevette de liqueurs, et elle, des assiettes, couverts, etc. Notre repas était tout prêt ; une bonne soupe et la moitié d'un jeune chevreau rôti le composaient. Je couvris la table d'une belle nappe ; j'y arrangeai des assiettes et des couverts, et, pour la première fois depuis cinq ans, j'eus le plaisir de manger à la façon des Européens. Tomy, fort étonné de tout ce qu'il voyait, faisait de grandes exclamations, voulait nous imiter, répandait sur lui le bouillon ou se piquait la langue avec sa fourchette ; mais il ne faisait que rire de ces petits accidents. Un doigt de crème des Barbades, que je lui donnai au dessert, acheva de le mettre en belle humeur ; sa joie excita la nôtre, et nous eussions prolongé cet agréable repas si d'importantes occupations ne nous eussent rappelés au rivage. Avant la nuit, avec l'aide de la claie et de Castor, nous eûmes transporté toutes nos richesses dans notre demeure. Après les avoir mises en sûreté, nous sentant exténués de fatigue, nous étendîmes deux matelas sur chacun de nos lits, et nous nous couchâmes en bénissant Dieu des nouveaux bienfaits qu'il répandait sur nous.

CHAPITRE XIV.

Toilette de Félix et de Suzanne. Surprise de Tomy. Augmentation de richesses. Le berceau d'acacias. Douleur de Suzanne. Reconnaissance. Voyage en famille. Retour. Travaux pour l'hiver. L'oratoire et la galerie. Piété des solitaires. L'hiver agréable. Projet de Félix et de Suzanne. La cassette. Les richesses inutiles.

Lorsque je m'éveillai, ma mère dormait encore d'un profond sommeil ; je me fis un plaisir de paraître devant elle vêtu à la française. Je pris une belle chemise, un gilet et un pantalon de nankin, des bas de fil et une paire de souliers. On pense bien que je n'avais pas oublié de me fournir de chaussures ; je m'étais emparé de toutes celles qui pouvaient m'aller, ainsi que de deux paires de bottes qui semblaient faites exprès pour moi. Une cravate de mousseline brodée et une casquette de maroquin vert complétaient ma parure. Je me disposais à passer chez ma mère, lorsqu'elle entra dans ma chambre, vêtue d'un joli déshabillé de toile anglaise et d'un tablier de taffetas noir ; ses cheveux, encore très-beaux, étaient arrangés avec soin, séparés sur le front comme ceux des madones de Raphaël, et relevés derrière avec un peigne d'écaille. Nous nous fîmes mutuellement des compliments sur notre toilette ; ma mère m'avoua que c'était pour elle un grand plaisir de ne pas manquer de linge ni d'habits ; mais elle observa que je devais sentir cet avantage bien plus vivement qu'elle, après une si longue privation.

Tomy, à son réveil, fut bien surpris de notre nouvelle parure ; il promenait ses grands yeux, de Suzanne sur moi. Après nous avoir longtemps considérés, il nous tendit ses petits bras en disant : « C'est toujours papa et maman, mais ils sont bien plus beaux. »

Nous procédâmes à l'examen de ce que renfermait la malle de ma mère, afin de mettre chaque chose à sa place ; j'eus lieu d'admirer la prévoyance des femmes et leur attention pour les petits détails. Outre une quantité suffisante de linge et d'habits, Suzanne s'était munie de tout ce qui était nécessaire pour travailler ; elle avait une ample provision d'aiguilles, de fil, et plusieurs paires de ciseaux ; mais ce qui me flatta le plus, ce fut de trouver au fond de la malle une demi-rame de papier commun et quelques cahiers de papier à lettres, des plumes et deux bouteilles d'encre bien cachetées. « Oh ! quel trésor ! m'écriai-je en m'en saisissant ; combien je le mets au-dessus de tout ce que nous avons acquis d'agréments et de commodités ! — Il est à vous, mon cher fils, me dit Suzanne, et voici le mien que je partagerai avec vous. » Et elle tira de la malle une Bible, un livre d'évangiles et quelques volumes de Massillon. Je baisai avec transport ces livres saints. Outre l'utilité dont ils devaient m'être à moi-même, ils me donnaient le moyen d'apprendre à lire à mon enfant et de lui enseigner les principes de la religion. J'acceptai avec reconnaissance les présents de ma mère et, ne manquant plus de planches, j'entrepris de faire une table en bois, où je pourrais écrire commodément.

Je n'avais pas oublié les objets que la piété de Suzanne lui avait fait désirer ; je les lui avais présentés en arrivant du vaisseau. Quelques jours après, elle me pria de lui abandonner un des cabinets de verdure dont j'avais orné mon jardin. « Ignorez-vous, lui répondis-je, que tout ce que j'ai vous appartient ? Choisissez celui qui vous plaira ; vous y serez parfaitement libre, et je ne m'en approcherai pas si vous me le défendez. — Pouvez-vous le penser ? il n'est aucun moment où votre présence ne me soit agréable, mais, dans votre absence, je me retirerai souvent sous le berceau d'acacias et de chèvrefeuilles; c'est lui que je vous demande, avec la permission de l'arranger suivant mon goût. — Ce mot m'afflige; il n'y a ici de maîtresse que vous; vous êtes la souveraine de ce petit empire, et je ne suis que le plus soumis de vos sujets. »

Quinze jours se passèrent dans nos occupations ordinaires; nous avions, pour surcroît, le soin de recueillir au bord de la mer ce que le flux nous apportait des débris du vaisseau, que le choc des vagues avait achevé de briser. Le soir du quinzième jour, j'aperçus sur le visage de ma mère un nuage de tristesse qui me pénétra. Elle étouffait ses soupirs et cherchait à me dérober les pleurs qui bordaient sa paupière. Je n'osai lui faire aucune question, et, respectant sa mélancolie, je me retirai de bonne heure pour la laisser en liberté. Je me levai de grand matin; j'entrai doucement dans sa chambre. Surpris de ne l'y pas trouver, je la cherchai dans tous les coins de la grotte; elle en était déjà sortie. J'allai au jardin; en approchant du berceau d'acacias, j'entendis des sanglots et des gémissements. Je m'approchai sur la pointe du pied, en retenant ma respiration. Un autel de gazon était élevé au milieu; le crucifix y était placé dans une niche ornée de fleurs; ma mère était prosternée et priait à demi-voix : c'était pour son fils qu'elle implorait le ciel. Je m'agenouillai à côté d'elle. Elle m'aperçut, et tournant vers moi ses yeux chargés de larmes : « Pardonnez, me dit-elle, vous qui m'avez sauvé la vie et qui ne vous occupez que de me la rendre heureuse ; croyez que je ressens vivement vos bienfaits, mais je ne puis oublier que j'eus un fils. Ce jour est l'anniversaire de sa naissance : il aurait aujourd'hui dix-huit ans ; cette époque renouvelle ma juste douleur. » Elle n'en put dire davantage ; ses forces l'abandonnèrent, et elle tomba évanouie dans mes bras. Ma terreur fut extrême quand je la vis dans cet état ; je me reprochai de lui avoir caché que j'existais, et l'appelant vingt fois du doux nom de mère, je cherchai à la ranimer par les plus tendres caresses. Enfin, elle reprit ses sens, et me voyant à ses pieds dans une posture suppliante ; « Que faites-vous? dit-elle ; vous ne m'avez jamais offensée, et vous semblez me demander pardon. — Oui, ma mère, je demande grâce pour le coupable Félix. Reconnaissez l'enfant qui vous est encore si cher malgré tous ses torts, et qui voulait les réparer avant d'oser se faire connaître. » L'excès de la joie tenait suspendus tous les sens de la tendre Suzanne ; elle pencha sa tête sur son sein, et des larmes abondantes soulagèrent son cœur. Elle considéra attentivement mes traits, et, malgré le changement que les années, le travail et le climat y avaient apporté, elle les reconnut et sentit le bonheur d'être encore mère. Elle avait répandu ses peines devant Dieu, elle lui fit hommage de sa joie, et jamais actions de grâces ne furent rendues avec plus d'ardeur.

Nous épanchâmes nos cœurs dans le plus doux entretien ; ma mère me fit répéter tous les détails que je lui avais déjà faits, mais qu'elle écoutait avec un nouvel intérêt ; nous finîmes par nous féliciter d'être arrivés, après tant de souffrances, au sort heureux dont nous jouissions. Tous deux dans la force de l'âge, nous pouvions espérer de suffire, pendant bien des années, aux travaux qui assuraient notre existence, et nous élevions un enfant qui nous suppléerait un jour et nous rendrait les soins que nous prenions de lui. Nous entrevoyions la possibilité d'être tirés de notre île et rendus à la société ; nous songions à cet événement sans le craindre et sans le désirer ; satisfaits de notre état présent, nous abandonnions à la Providence le soin de notre avenir.

Nous rentrâmes dans la grotte ; Tomy était depuis longtemps éveillé ; il jouait avec Castor et jasait avec Coco. Il nous vit des visages si contents qu'il en fut réjoui. Le déjeuner fut très-gai. J'annonçai à ma mère que j'allais commencer à écrire mes aventures ; elle se chargea de montrer à lire à notre enfant, et me pria de tracer sur de petits carrés de papier les lettres de l'alphabet, afin de lui apprendre à les connaître. Parfaitement instruite de sa religion, elle se proposait de faire un petit abrégé de la doctrine chrétienne, pour en donner à Tomy les premières notions.

Ma mère ne s'était point encore éloignée de notre demeure; je désirais lui faire connaître les beaux sites de l'intérieur de l'île ; d'ailleurs la saison s'avançait, il était temps de penser à notre provision de cire. Je lui proposai donc le voyage de la belle plaine et des délicieux bosquets où croissait le miraca ; elle y consentit avec joie, et cette course nous fut extrêmement agréable. Suzanne ne se lassait point d'admirer les beautés de la nature et les ressources qu'elle nous offrait dans ce climat fortuné. Tomy courait le plus souvent devant nous ; lorsqu'il était fatigué, nous le portions alternativement. Ma mère lui avait fait un vêtement léger de toile de coton, qui lui était bien plus commode que sa tunique de peaux. Sa vivacité et ses grâces enfantines nous charmaient également ; jamais enfant ne fut plus aimable, plus spirituel, ni plus docile.

Du haut d'une colline je fis remarquer à ma mère la forêt qui m'avait été si fatale ; je lui proposai, en riant, de la parcourir avec moi, en l'assurant que rien n'était plus curieux que la caverne de la mort. « Non, non, me dit-elle, nous sommes dans le paradis terrestre ; la curiosité ne me le fera pas perdre. »

Nous fîmes une ample récolte de baies de miraca ; nous cueillîmes une assez grande quantité de cannes à sucre et de noix de coco ; nous fîmes aussi provision de patates, dans la crainte que celles qui croissaient dans mon jardin ne nous suffissent pas. Enfin, après avoir campé quelques jours sur le bord de la rivière, nous revînmes chez nous, chargés de tout ce qui pouvait nous être utile pour l'hiver. D'autres travaux nous appelaient ; nous salâmes des boucs, des tortues et quelques gros poissons qui ont beaucoup de rapport avec la morue ; nous amassâmes beaucoup d'œufs que nous conservions dans du sable, et nous récoltâmes notre riz. La fabrique des bougies nous occupa ensuite, et tout fut terminé avant la fin des beaux jours.

Je ne me trouvais jamais si heureux que quand je pouvais faire quelque chose d'agréable à ma mère. Sa piété lui faisait attacher un grand prix à l'oratoire qu'elle s'était élevé dans le jardin ; je pensais avec peine qu'elle en serait privée pendant les pluies. Je profitai du temps qui me restait pour construire une cabane en planches, couverte de roseaux, sur lesquels j'étendis encore des peaux de bouc, afin que l'eau n'y pût pénétrer ; je fis cette hutte le plus près que je pus de l'entrée de la grotte, et je pratiquai une espèce de galerie qui y conduisait à couvert. Ainsi ma mère eut, dans toutes les saisons, la jouissance de son oratoire ; elle y conduisait Tomy le matin et le soir, et souvent je me joignais à eux, et nous offrions au ciel nos vœux réunis.

Les pluies nous obligèrent enfin de nous renfermer dans notre grotte; nous ne nous en trouvâmes pas moins heureux. Des occupations variées et les charmes d'une société aussi douce qu'intime faisaient couler le temps avec une extrême rapidité. Je m'occupais trois ou quatre heures par jour à faire la relation que je donne au public ; l'ouvrage de mes mains employait le reste de mon temps. Ma mère prenait soin de préparer nos repas, de traire les chèvres et de tenir en bon état le linge et les vêtements. Nous nous occupions, de concert, de l'éducation de Tomy ; il nous égayait par ses petites gentillesses et ses propos ingénus. Le soir, je faisais une lecture à ma mère ; nous l'interrompions souvent pour nous communiquer des réflexions qu'elle nous faisait naître.

L'esprit humain aime à s'occuper de projets ; nous en formions au fond de notre retraite. Nous devions, au retour de la belle saison, nous construire une habitation champêtre à une lieue de distance de la grotte et sur les bords riants de la grande rivière ; c'eût été notre métairie. Nous devions y transporter notre bétail, y élever des pigeons et une espèce de poules que nous avions découvertes depuis peu. Mais la Providence en avait autrement disposé; elle voulait nous ramener parmi nos semblables et préparer notre délivrance.

Dans mon voyage au vaisseau, j'avais trouvé dans la chambre de madame d'Altamont une cassette de bois de rose, garnie de lames d'argent et d'une forte serrure; je m'en étais chargé dans l'idée qu'elle ferait plaisir à ma mère. Occupés tous deux d'objets plus essentiels, nous l'avions oubliée dans un coin de la grotte. Suzanne la retrouva, et, curieuse de savoir ce qu'elle renfermait, elle me pria de faire sauter la serrure. Cela fut bientôt fait; mais nous fûmes assez déconcertés quand nous vîmes qu'elle ne contenait que quelques bijoux de prix, des papiers de famille et mille louis en or. Mécontents d'abord d'une trouvaille aussi inutile, nous prîmes le parti d'en rire, et nous fîmes mille plaisanteries sur cette fortune inattendue. En bon père j'en voulais disposer en faveur de Tomy et lui acheter le fonds d'un bel établissement. Après nous être longtemps égayés sur ce sujet, ma mère me suggéra une réflexion plus raisonnable. « Si, me dit-elle, nous quittions un jour cette île, et que nous eussions le bonheur de retourner dans notre patrie, nous aurions la satisfaction de remettre aux héritiers de madame d'Altamont ce qui leur appartient légitimement ; il en est peut-être dans le nombre à qui cet or et ces bijoux seraient bien nécessaires, et les papiers que contient la cassette sont peut-être pour eux d'un grand intérêt. » Il fut donc convenu que nous remettrions chaque chose à sa place, et que nous garderions le tout comme un dépôt sacré dont la justice et notre conscience nous rendaient responsables.

CHAPITRE XV.

Rencontre inattendue. Réception dans la grotte. L'hospitalité. Aventures des Anglais. Offres de services. Conseils de Félix. Les Anglais retournent à bord. Soumission des solitaires. Sir Walter. Séjour dans l'île. Départ. On aborde à l'île de Saint-Christophe. Générosité du capitaine. On s'embarque pour Plymouth. Adieux. Présent de Walter à Tomy. Arrivée. La famille passe en France. Le retour au pays natal. Les affaires s'arrangent. Félicité de la famille.

Nous avions attendu les beaux jours sans impatience; mais nous ne vîmes pas sans plaisir la nature reprendre ses charmes, les arbres se couvrir de fleurs, les oiseaux se rassembler dans nos bocages, et tout autour de nous reprendre une nouvelle vie. La chasse et la pêche étaient mes plaisirs favoris; je commençais à m'y livrer. Un matin je voulus gagner un endroit où la côte était très-poissonneuse; il fallait traverser un petit bouquet de bois. J'y étais à peine entré que j'aperçus quatre hommes armés de fusils qui s'avançaient vers moi. Ils firent, en me voyant, des gestes de surprise, et m'abordèrent en m'adressant quelques mots dans une langue qui m'était inconnue; je répondis dans la mienne. Alors l'un d'eux, s'approchant de moi, me secoua la main et me dit en mauvais français : « Jeune homme, vous êtes France ; vous, comment venu ici ? Nous English, mais amis de tous les hommes ; conduire nous dans votre demeure, si vous avez. »

Charmé qu'au moins un de ces inconnus pût m'entendre, je le priai de me suivre avec ses compagnons ; je l'assurai que je me ferais un plaisir de les recevoir chez moi. Chemin faisant, je racontai succinctement l'histoire de mon naufrage ; je vis qu'elle intéressait beaucoup celui qui pouvait la comprendre ; il la répéta en anglais aux trois autres, qui vinrent tour à tour me secouer cordialement la main.

On peut juger de l'étonnement de ma mère à la vue de quatre étrangers ; elle les reçut gracieusement ; la table fut bientôt couverte de tout ce que nous pouvions offrir de meilleur. L'eau-de-vie et les liqueurs que nous avions ménagées jusqu'à ce jour furent prodiguées à nos hôtes, qui furent extrêmement satisfaits de notre réception. Ils parlaient beaucoup entre eux ; et, quoique nous n'entendissions pas leurs discours, nous devinâmes, à leurs gestes et à l'air de leurs visages, qu'ils prenaient des arrangements pour nous emmener avec eux ; ce qui nous fut confirmé par celui qui hachait le français et qui était le chirurgien-major du vaisseau. Voici en substance ce qu'il nous apprit.

Un navire de la Compagnie, commandé par le capitaine Edward Walter, revenant de la mer du Sud, après avoir passé le détroit de Magellan, devait relâcher à Rio-Janeiro, où il se serait ravitaillé ; de là, cingler vers la Jamaïque, où il eût fait une nouvelle relâche, débarqué quelques-unes de ses marchandises pour en charger d'autres en place, et eût repris sa route pour se rendre en Angleterre. Mais bientôt le temps, qui l'avait favorisé jusqu'alors, changea tout à coup, et une violente tempête le jeta au loin et le fit errer pendant une dizaine de jours dans des parages qu'il ne pouvait reconnaître. Les vivres commençaient à manquer ainsi que l'eau douce, dont chaque matelot ne recevait par jour que le quart de sa ration ordinaire. Le vaisseau était endommagé ; le capitaine et tout son équipage cherchaient à découvrir quelque terre où ils pussent le radouber, se pourvoir de vivres et surtout faire de l'eau. Une côte environnée de récifs s'était offerte à leurs regards ; le vent ayant considérablement diminué, ils cinglèrent vers le rivage. A la distance d'un quart de lieue on jeta l'ancre ; une chaloupe fut envoyée pour visiter la côte et trouver une place d'abordage ; elle portait huit matelots, deux officiers, le pilote et le chirurgien. En longeant le rivage, ils passèrent une pointe et découvrirent une baie où la mer était calme.

Les matelots se répandirent dans l'île pour y chercher de l'eau, et les officiers y pénétrèrent d'un autre côté, dans l'espérance de tuer du gibier ou de rencontrer quelque autre ressource. Le chirurgien nous consulta sur ce qu'ils devaient faire pour s'en procurer ; mon avis fut qu'ils devaient amener le vaisseau à la côte pour le réparer, et, pendant ce temps, faire de grandes chasses aux boucs pour approvisionner le navire. Je leur offris, en attendant, mon troupeau pour la subsistance de l'équipage ; il consistait en deux boucs, quatre chèvres et huit jeunes chevreaux. Je me promettais aussi de leur indiquer les champs de riz et de patates, et les endroits où ils trouveraient des tortues en abondance.

Les Anglais se montrèrent très-reconnaissants de ces offres obligeantes, ils étaient empressés de retourner à bord pour les communiquer au capitaine. Nous allâmes ensemble à la recherche des matelots ; ils avaient déjà rempli plusieurs tonnes d'eau. Nous nous rendîmes à l'endroit où était la chaloupe, et du haut d'un rocher j'aperçus le navire à l'ancre. Nous nous séparâmes avec de grands témoignages d'amitié, et je regagnai la grotte pour m'entretenir avec ma mère des espérances que cet événement devait nous donner. Je la trouvai dans une grande agitation, et j'avoue que je la partageai. Depuis que nous étions réunis, nous pensions que rien ne manquait à notre bonheur ; mais le nom de patrie remuait délicieusement nos cœurs ; et si l'espoir que nous concevions de la revoir était trompé, il était à craindre que notre solitude n'eût plus pour nous autant de charmes. Nous eûmes besoin de nous rappeler les grands principes de soumission à la volonté divine et d'abandon à la Providence, qui doivent diriger les chrétiens. La pieuse Suzanne y puisa bientôt le calme et la résignation ; son exemple et ses discours me les inspirèrent aussi ; nous parvînmes à retrouver notre tranquillité, et nous attendîmes sans trouble ce que le ciel ordonnerait de nous.

Lorsque nous eûmes tout mis en ordre chez nous, je désirai conduire ma mère à la baie où les Anglais étaient descendus. Elle s'appuya sur mon bras et nous en prîmes le chemin ; Tomy marchait devant nous en bondissant comme un jeune chevreau. Lorsque nous fûmes arrivés, nous remarquâmes un grand mouvement à bord du vaisseau ; une heure après, les ancres furent levées, les voiles hissées, et le navire prit la route de la baie ; il y entra heureusement et vint mouiller à peu de distance du rivage. Une chaloupe fut aussitôt détachée et nous nous trouvâmes dans les bras de sir Walter, qui, dans notre langue, qu'il parlait avec facilité, se félicita de notre rencontre et prit l'engagement de nous retirer de cette île et de nous procurer les moyens de repasser en France. Après avoir donné ses ordres à ses gens, il nous suivit avec son second jusqu'à notre habitation. Il fut surpris et charmé de tout ce qu'il y vit, et ne se lassait point d'admirer que, dans un âge aussi tendre, j'eusse pu me suffire pendant cinq années à fournir seul à tous mes besoins. Il approuva le conseil que j'avais donné à ses officiers ; mais, quant à mon troupeau, il m'assura qu'il ne permettrait pas qu'on en tuât une seule bête ; il voulait l'embarquer vivant pour les besoins de la traversée, pensant avec raison que la chasse et la pêche fourniraient abondamment à la subsistance de tout son monde pendant qu'ils resteraient dans l'île. Tandis que nous nous entretenions amicalement, quatre matelots arrivèrent chargés de biscuits, de fromage, d'un superbe jambon et d'une caisse de vin de Bordeaux. Ce présent du capitaine nous fut agréable et nous l'en remerciâmes vivement.

Sir Edward Walter me prit en amitié. Les douze jours qu'il séjourna dans l'île pour réparer son navire, je fus le compagnon de toutes ses courses. Pendant nos excursions, ma mère s'occupait de nous préparer une nourriture restaurante, car le capitaine mangea avec nous tout le temps qu'il fut à terre. La chasse fournit aux Anglais assez de provisions pour tenir encore longtemps la mer; mais, quoiqu'ils ignorassent où ils étaient, ils ne se croyaient pas fort éloignés des Antilles. Sir Walter nous fit préparer à bord une jolie chambre voisine de la sienne. Lorsque le vaisseau fut radoubé, nous nous y embarquâmes, non sans donner des regrets à la terre hospitalière où nous avions trouvé le nécessaire, la tranquillité, et où nous avions eu le bonheur de nous rejoindre après une longue séparation. Nous n'emportâmes que nos vêtements et la cassette de madame d'Altamont. Je fis présent au capitaine de mon perroquet; il était si bien instruit et parlait si distinctement, qu'il devait avoir un grand prix pour les amateurs. On pense bien que je n'abandonnai pas mon ami, mon sauveur, le fidèle Castor. Plusieurs officiers me proposèrent de l'acheter; mais j'avais trop d'attachement pour ce bon animal: c'était entre nous à la vie et à la mort.

Quand le vaisseau eut mis à la voile et que je fus libre de m'entretenir avec ma mère, je lui fis part de mes inquiétudes. « Je ne doute pas, lui dis-je, que sir Walter n'en use généreusement avec nous, et qu'il ne nous conduise dans quelque colonie sans rien exiger pour notre passage; mais comment y vivrons-nous, puisque nous ne possédons rien? Et comment regagnerons-nous notre chère patrie, sans argent pour payer le passage de trois personnes? Je ne vois d'autre ressource que d'entrer au service de quelque riche colon; avec la recommandation du capitaine, je pourrai obtenir une place qui fournira à nos besoins, et peut-être, au bout de quelques années, amasser une somme pour retourner en France.— Ce projet, mon fils, est très-bien conçu ; vous aimez le travail, vous avez tout ce qu'il faut pour être un bon économe; mais je ne vois pas qu'il soit nécessaire de recourir à ce moyen de subsistance et d'attendre si longtemps pour revoir notre pays. Avez-vous oublié que nous avons une somme de vingt-quatre mille francs, dont une partie suffit pour nous tirer d'embarras? — C'est sans doute pour m'éprouver que vous me faites cette proposition? Mais, ma mère, qu'ai-je fait, qu'ai-je dit qui puisse vous faire soupçonner que je veuille manquer aux lois de la justice et de la probité? Le dépôt que nous avons entre les mains doit être remis intact dans celles des héritiers de madame d'Altamont. Plutôt que d'y toucher, je me condamnerais à travailler comme un esclave tout le temps de ma vie. »

A ces mots, prononcés avec feu, ma mère me serra dans ses bras. « Cher Félix, me dit-elle, ce moment me dédommage de tout ce que j'ai souffert.

Je couvris la table d'une belle nappe, et j'eus le plaisir de manger à la façon des Européens.

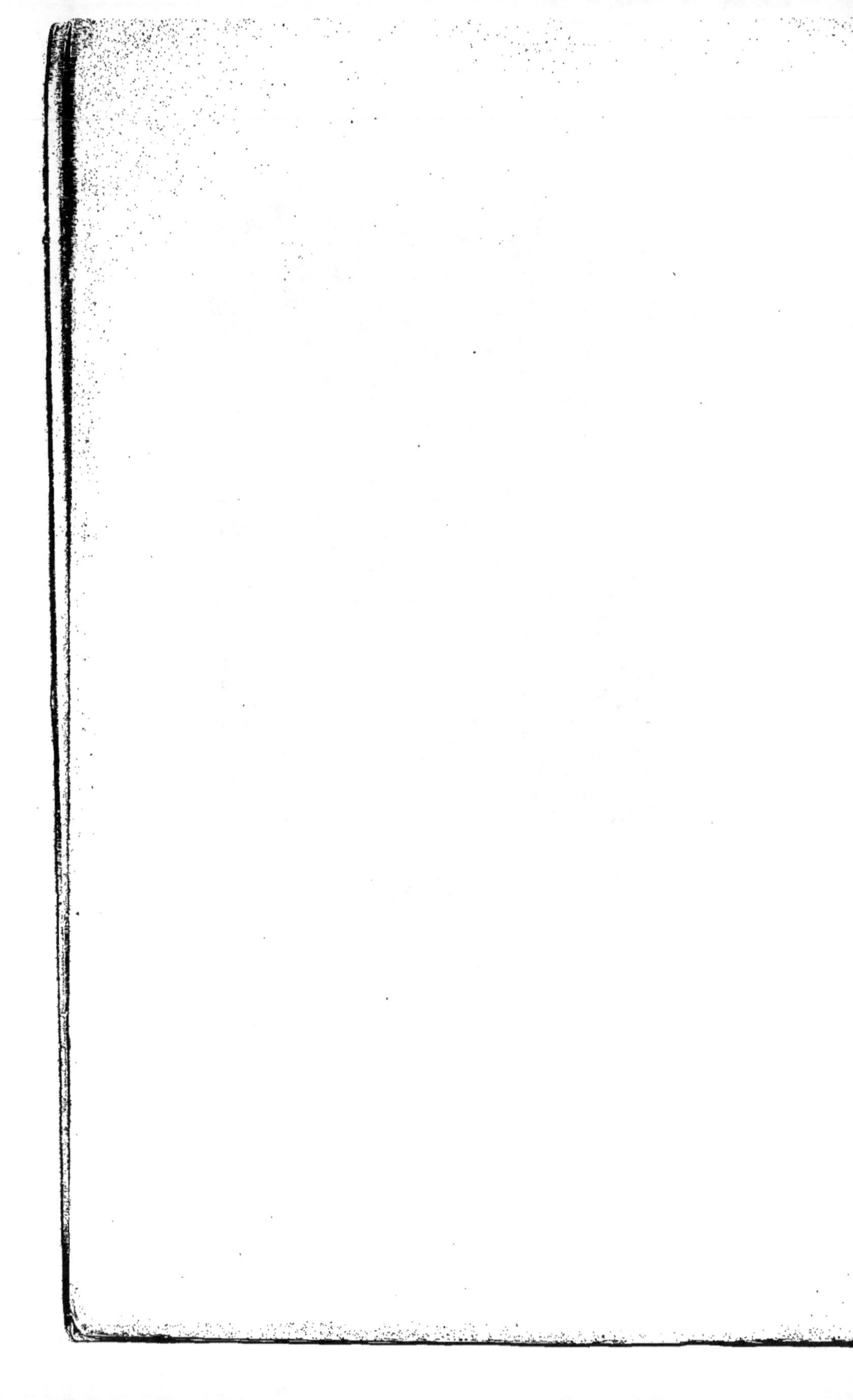

Que j'aime à voüs voir cette délicatesse de conscience et ces principes solides qui doivent toujours influer sur votre conduite ! Je vais présentement vous expliquer ce qui vous surprend dans la mienne. Les circonstances m'autorisent à me servir de l'argent que nous avons sauvé, parce que j'ai la certitude de le remplacer à notre arrivée en France. La vente de quelques pièces de terre nous acquittera ; et si ton héritage en est diminué, notre travail réparera bientôt cette perte. Lorsque tu m'as quittée, tu n'étais qu'un enfant ; tu ignorais que je possédais assez de fortune pour te faire une existence agréable ; tu jugeais de mes ressources d'après l'économie qui régnait dans notre ménage ; elle m'était inspirée par le désir de te voir un jour dans une heureuse aisance. »

Cette explication, en me tranquillisant, augmenta ma reconnaissance pour ma tendre mère. Après trois semaines de navigation nous arrivâmes à l'île de Saint-Christophe. Sir Walter y avait des amis et des correspondants ; il se logea dans un fort bel hôtel, et exigea de notre amitié d'y prendre aussi un logement. Dès qu'il eut mis ordre à ses affaires, il s'occupa des nôtres. Voyant que nous brûlions du désir de revoir la France, il arrêta notre passage sur un vaisseau anglais destiné pour Plymouth, et ne négligea rien pour que nous jouissions de toutes les commodités possibles pendant la traversée. Il fit porter à bord des caisses de vin, de liqueurs et de confitures sèches ; et quand nous voulûmes régler avec notre hôte le compte de notre dépense, il nous apprit que tout était payé. Le capitaine ne nous permit pas de lui exprimer notre reconnaissance, et prétendit que c'était lui qui était l'obligé. Il vint nous conduire au vaisseau ; nos adieux furent très-tendres ; Tomy, qui aimait beaucoup sir Walter, avait jeté ses bras à son cou et ne voulait pas le quitter. Celui-ci s'en débarrassa doucement et lui donna un portefeuille si brillant que l'enfant en fut distrait ; Walter profita de ce moment pour se jeter dans la chaloupe, d'où il nous fit, avec son mouchoir, des signes d'amitié tant que nous pûmes l'apercevoir.

Rendus à nous-mêmes, nous nous entretenions des bontés du capitaine, lorsque Tomy vint me prier d'ouvrir son portefeuille qui fermait avec un secret que j'eus bientôt trouvé. Il s'en échappa un billet de banque de cinq cents livres sterling, accompagné de ces mots tracés sur des tablettes : *Présent de sir Walter à son petit ami.*

Grâce à la libéralité du capitaine, le sort de notre enfant était assuré, et nous n'avions que des sujets de satisfaction ; aussi la traversée, qui fut fort heureuse, ne nous ennuya nullement, quoique nous ne pussions faire société avec aucun de ceux qui montaient le vaisseau, dont pas un n'entendait un mot de français. Nous ne restâmes que trois jours à Plymouth pour nous reposer et toucher le montant du billet de banque. Nous prîmes la poste pour Douvres, et nous montâmes sur le paquebot pour nous rendre à Calais. La santé de ma mère nous obligea de passer quelques jours dans cette ville; elle eut plusieurs accès de fièvre. J'appelai le médecin le plus en réputation, et nos soins réunis la rétablirent assez promptement. Nous étions en France, mais nos vœux n'étaient pas encore remplis; nous soupirions après notre pays natal; les lieux qu'avaient habités nos pères semblaient pouvoir seuls nous dédommager du séjour agréable et paisible de notre île déserte. Nous partîmes de Calais dans la diligence; le voyage ne nous ennuya point; nous avions très-bonne compagnie; et les charmes d'une conversation intéressante nous distrayaient de l'extrême impatience que nous avions d'arriver. Enfin nous sommes à Brest. A peine nous donnons-nous le temps de prendre un léger repas; nous montons dans une petite voiture, et dans moins d'une heure nous apercevons le clocher de notre village. Des larmes de joie mouillent nos paupières; tous les objets que nous reconnaissons font palpiter nos cœurs. Voilà la croix qui fut plantée à la dernière mission; voici la belle avenue de tilleuls qui conduit au village; nous sommes sur la place où les vieillards se rassemblent pour parler de leurs affaires, où la jeunesse danse le dimanche au son d'une musette champêtre, où les enfants se livrent aux jeux bruyants de leur âge. Nous descendons à la porte du presbytère; le digne curé est averti de notre arrivée; il vient au-devant de nous, nous serre dans ses bras avec une affection paternelle, et bénit la Providence qui nous a sauvés de tant de périls et ramenés dans nos foyers. « Marie, dit-il à sa cuisinière, nous devrions tuer le veau gras pour célébrer le retour de l'enfant prodigue; il se contentera du jeune agneau dont je comptais régaler mes confrères à la fête du village; ce sont ici mes enfants, ils doivent avoir la préférence. »

Le bon curé nous emmena dans son cabinet, et nous lui racontâmes, dans le plus grand détail, tout ce qui nous était arrivé. Il fut satisfait de ma conduite et de mes sentiments, et fit de judicieuses réflexions sur le bonheur d'avoir reçu une éducation chrétienne et des exemples de vertu, dont le souvenir ne s'effacera jamais; il s'attendrit à l'histoire de Tomy, et remercia Dieu d'avoir arraché cet enfant à la mort et aux ténèbres de l'idolâtrie.

Nous parlâmes ensuite de nos affaires. Nous n'avions dépensé que six mille francs de la somme que nous avions en dépôt. Nous priâmes notre pasteur de remettre la cassette aux héritiers de madame d'Altamont, et de leur demander trois mois pour vendre une pièce de terre et remplacer les deux mille écus que nous en avions distraits. Le fermier qui avait loué notre maison et les terres qui en dépendaient était un homme peu laborieux, et qui, par conséquent, faisait fort mal ses affaires ; il consentit à nous remettre le tout, moyennant un dédommagement de quatre mille francs. Cet argent fut pris sur celui de Tomy, et nous achetâmes, au nom de l'enfant, une belle métairie contiguë à notre bien, et qui rapportait un revenu de cinq cents francs.

Nous rentrâmes donc dans la possession de notre maison et de nos terres. Tout cela était en fort mauvais état, mais nous avions les moyens et la volonté d'améliorer notre bien. J'étais résolu de m'en tenir à l'état honorable de cultivateur ; on sait combien j'aimais le travail ; j'avais assez d'intelligence pour acquérir en peu de temps les connaissances rurales, et mon goût m'y portait entièrement.

Le curé revint de Brest, accompagné des deux principaux héritiers de madame d'Altamont. Dans l'ivresse de leur joie et de leur reconnaissance, ils se seraient jetés à nos pieds, si nous ne nous y fussions opposés.

On leur avait suscité un procès injuste, et les papiers que nous avions sauvés leur en assuraient le gain. Ils ne voulurent jamais entendre parler de la restitution que nous voulions leur faire, et forcèrent ma mère d'accepter une fort belle bague comme un gage de leur gratitude.

La Providence a béni nos travaux ; nos biens prospèrent chaque jour ; nous vivons dans une douce aisance, et notre attachement mutuel nous rend aussi heureux qu'on peut l'être dans ce monde. Notre respectable pasteur s'est chargé de l'éducation de Tomy ; à dix ans je le mettrai au collége, afin qu'il puisse un jour choisir l'état qui lui conviendra.

Chéris de tous nos voisins, auxquels nous avons souvent le bonheur d'être utiles, contents dans notre médiocrité, tranquilles dans notre intérieur, nous faisons partager notre félicité à ceux qui nous entourent. Nos domestiques sont traités comme nos enfants ; nous occupons de préférence le pauvre laborieux, et une sage économie, qualité qui distingue ma mère, nous met en état de faire un peu de bien. C'est ainsi que le ciel nous a amenés, par les plus rudes épreuves, à la situation la plus désirable et la plus exempte de peines.

Je prie mes jeunes lecteurs d'observer combien il est utile d'acquérir de bonne heure un grand nombre de connaissances, de s'endurcir à la fatigue, aux intempéries des saisons, de bannir les vaines frayeurs, et de fortifier son âme contre tous les événements. Ceux qui composent la vie de l'homme sont si variés qu'on ne peut prévoir les situations où l'on pourra se trouver; mais la patience et le courage sont de puissantes armes dans toutes les situations : avec leur secours et la protection du ciel, il n'est point d'obstacles qu'on ne puisse vaincre, ni de malheurs qu'on ne puisse surmonter.

FIN.

TABLE

DES MATIÈRES CONTENUES DANS CE VOLUME.

FIN DE LA TABLE.

Paris. — Imprimerie de P.-A. BOURDIER et Cie, 30, rue Mazarine.

www.ingramcontent.com/pod-product-compliance
Lightning Source LLC
LaVergne TN
LVHW020558230826
846091LV00002B/525

9782013022088